BERLITZ

BARCELONA
und Costa Dorada

Herausgeber: Redaktion des Berlitz Verlags

Copyright © 1990, 1976 Berlitz Verlag AG,
Avenue d'Ouchy 61, 1000 Lausanne 6, Schweiz.

Alle Rechte vorbehalten, insbesondere das Recht der Vervielfältigung und Verbreitung sowie der Übersetzung. Ohne schriftliche Genehmigung des Verlags ist es nicht gestattet, den Inhalt dieses Werkes oder Teile daraus auf elektronischem oder mechanischem Wege (Fotokopie, Mikrofilm, Ton- und Bildaufzeichnung, Speicherung auf Datenträger oder ein anderes Verfahren) zu reproduzieren, zu vervielfältigen oder zu verbreiten.

Berlitz ist ein beim U.S. Patent Office und in anderen Ländern eingetragenes Warenzeichen – Marca Registrada.

Printed in Switzerland by Weber S.A., Bienne.

12. Auflage
Ausgabe 1991/1992

Aktualisiert oder überarbeitet 1990, 1989, 1987, 1986, 1984, 1983, 1980

Wichtiges auf einen Blick

- Einen ersten Eindruck von Land und Leuten erhalten Sie in den Kapiteln Barcelona und Costa Dorada, Seite 6, und Geschichtlicher Überblick, Seite 10.

- Die Sehenswürdigkeiten werden auf den Seiten 17 bis 70 besprochen. Was Sie unserer Meinung nach unbedingt sehen sollten, ist am Rande mit dem Berlitz Symbol gekennzeichnet.

- Tips für Unterhaltung, Einkaufsbummel, Tafelfreuden sowie Sport und Erholung stehen auf den Seiten 71 bis 97.

- Nützliche Informationen und Hinweise für die Reise finden Sie ab Seite 98.

- Und möchten Sie ganz schnell eine Einzelheit wissen, schlagen Sie im Register auf den Seiten 126 bis 128 nach.

Alle Informationen in diesem Reiseführer sind sorgfältig recherchiert und überprüft worden, erfolgen aber ohne Gewähr. Der Verlag kann für Tatsachen, Preise, Adressen und Angaben, die fast ständig von Änderungen betroffen sind, keine Verantwortung übernehmen. Berlitz Reiseführer werden regelmäßig auf den neuesten Stand gebracht, und die Redaktion ist für Berichtigungen, Hinweise und Ergänzungen dankbar.

Text: Ken Bernstein
Deutsche Fassung: Gudrun Greunke und Sylvia Rudel
Fotos: Ken Welsh; Umschlagfoto: SPECTRUM COLOUR LIBRARY, London
Gestaltung: Doris Haldemann
Wir danken dem Spanischen Fremdenverkehrsamt sowie Gerhard Peters für ihre Hilfe bei der Vorbereitung dieses Reiseführers.
Kartografie: Falk-Verlag, Hamburg, in Zusammenarbeit mit Cartographia, Budapest.

Inhalt

Barcelona und Costa Dorada	6
Geschichtlicher Überblick	10
Von Ort zu Ort	
Die Goldene Küste nördlich von Barcelona	17
Barcelona	21
Sitges und die Küste südlich von Barcelona	48
Tarragona	53
Südwestlich von Tarragona	60
Ausflüge ins Landesinnere	64
Was unternehmen wir heute?	
Folklore, Stierkampf, Flamenco	71
Einkaufsbummel	74
Museen	77
Unterhaltung für Kinder	79
Feiertage	80
Nachtleben	82
Konzert, Oper, Ballett, Theater, Kino, Fiestas	83
Tafelfreuden	84
Sport und Erholung	92
Berlitz-Info Reiseweg und Reisezeit	98
Mit soviel müssen Sie rechnen	101
Praktische Hinweise von A bis Z	102
Register	126

Karten und Pläne

Luftansicht der spanischen Küste 6; Costa Dorada 18; Barcelona (Übersicht) 22; Barri Gòtic (Gotisches Viertel) 25, La Rambla 30; Hafenviertel 39; Tarragona 55

Umschlagfoto: Kolumbusdenkmal; Bild S. 2/3: Blick vom Parc Güell

Barcelona und Costa Dorada

Goldgelb ist der feine Sand, dem das rund 250 km lange Gestade am Mittelmeer seinen Namen verdankt. Die Costa Dorada beginnt genaugenommen bereits nördlich von Barcelona, dort wo am Fluß Tordera die Costa Brava endet. Südlich von Barcelona verläuft die Costa Dorada an der katalanischen Küste weiter bis hinunter zum Ebrodelta.

Hier liegen noch kleine, halbvergessene Fischerdörfer neben international bekannten Ferienorten. Unter der spanischen Sonne, die den Urlaubsgast fast nie im Stich läßt, gibt man sich natürlich in erster Linie Badefreuden hin.

Katalonien ist aber auch ein Land mit prächtigen alten Kirchen und Burgen. Hoch über den Weinbergen landeinwärts können Sie das einzigartige Bergkloster Montserrat oder andere, weniger berühmte,

aber dennoch bemerkenswerte Bauwerke besuchen, die Macht und Glaube einst errichteten. Immer und überall werden Sie an der Costa Dorada den Puls Kataloniens spüren.

Den Spaniern im allgemeinen ist die Siesta wohl heilig, doch die Katalanen können darauf verzichten (das gilt z. B. für die großen Warenhäuser). Die meisten Spanier behalten ihre Frauen im Haus, in Katalonien aber sind sie oft beruflich tätig und regeln auch den Verkehr. Tanzen die Spanier den feurigen Flamenco, so reichen sich die Katalanen die Hände zur gemessenen, würdevollen *sardana*.

Die Einheimischen sind zweisprachig. Das im Lateinischen wurzelnde Katalanisch sprechen sie ebenso gut (oft besser) wie die offizielle Landessprache Kastilisch, und mit Fremdsprachen tun sie sich leichter als die anderen Spanier. Im Mittelalter beherrschten die Katalanen weite Bereiche des Mittelmeerbeckens, zeitweise ganz Sizilien, Sardinien, Korsika und Teile Griechenlands. Sprache und Kultur, das Erbe jener Blütezeit, verbinden heute noch den Industriellen aus Barcelona mit

dem Fischer aus Sant Pol und dem Reisbauern aus Amposta.

Aus Katalonien stammt eine ungewöhnlich große Zahl origineller Künstler, wie Joan Miró, Salvador Dalí und allen voran Picasso. Bereits vor Jahrhunderten hatten katalanische Architekten Kirchen von überwältigender Schönheit gebaut, die einheimische Künstler mit farbenfrohen Fresken schmückten. Mit etwas Muße bekommen Sie hier das Beste aus Vergangenheit und Neuzeit zu sehen.

Barcelona, die Hauptstadt Kataloniens, wirkt mit seinen schattigen Boulevards und den mit den mittelalterlichen Stadtteilen kontrastierenden modernen Bauten sehr vital und europäisch. Die fleißigen Bewohner arbeiten in Fabriken aus dem 19. Jh., im Hafen und hinter den Schaltern zahlloser Banken. Sie lesen mehr Bücher, sehen mehr Opern und halten sich noch mehr an ihre alten Traditionen als die Bürger irgendeines anderen spanischen Ortes.

Die andere bedeutende Küstenstadt, Tarragona, war einmal Provinzhauptstadt des kaiserlichen Roms. Allnächtlich erwachen die antiken Bauwerke im Flutlicht zu neuem Glanz. Und in einer Stadt, die Paulus persönlich zum Christentum bekehrt haben soll, erfüllt die im 12. Jh. begonnene Kathedrale den Besucher mit Ehrfurcht.

Politisch gehört die Costa Dorada zu den Provinzen Barcelona und Tarragona (Lérida und Gerona sind die beiden anderen Provinzen Kataloniens). Weinbau und Fischfang sind wichtige Erwerbszweige in diesem Landesteil, wovon Sie die Flasche kräftigen Weins und die frischen Muscheln und Fische auf Ihrem Tisch überzeugen werden. Auch die Textilindustrie und selbstverständlich der Tourismus sind für das Land von lebenswichtiger Bedeutung.

Obwohl als Realisten und Individualisten bekannt, tanzen und singen die Katalanen mit großer Begeisterung in Gruppen und Chören. Einen etwas exzentrischeren Eindruck macht da schon die Begeisterung, mit der sie, auf den Schultern des Untermannes stehend, schwankende Pyramiden bilden. Geübte *castellers* (wörtlich: Burgen-Bauer) ziehen durch das Land und zeigen ihre halsbrecherische Kunst, deren Höhepunkt von der eigenartigen Musik der katalanischen Holzblasinstrumente untermalt wird.

Die Küche wird Ihnen zusagen. Vom katalanischen Eintopf aus Wurst, Bohnen und Hackbraten bis zu den feinen einheimischen Mandeln ist alles von guter Qualität und sehr bekömmlich. Auch das Einkaufen soll nicht zu kurz kommen. Kunsthandwerker und kleine Betriebe stellen Souvenirs und Geschenke jeder Art her, vom Kitsch bis zum Kunstgegenstand, vom überraschend Billigen zum sündhaft Teuren – bestimmt aber für jeden etwas.

Auf einem Platz in Barcelona reichen sich Katalanen die Hand zur sardana.

Geschichtlicher Überblick

Kataloniens langer Weg von der Kolonie zu höchster Macht und zurück zur Provinz wurde von Idealismus und Grausamkeit begleitet, von Triumph und Verderben, von Gestalten wie Cäsar, Karl dem Großen, Ferdinand und Isabella.

Doch auch eine außerhalb Spaniens weniger bekannte Gestalt, Wilfried der Haarige (Wifredo el Velloso), im 9. Jh. erster Held Kataloniens, prägte die Geschichte seiner Heimat entscheidend. Er unterstützte den Frankenkönig Karl den Kahlen bei seinem Vorhaben, die Mauren aus Spanien zu vertreiben. Die Legende will, dem Schwerverwundeten sei vom König ein Wunsch freigestellt worden, worauf Wilfried die Unabhängigkeit Barcelonas forderte. Sein Wunsch wurde ihm gewährt – man schrieb das Jahr 878.

Die Entstehungsgeschichte Kataloniens können wir jedoch viel weiter zurückverfolgen, denn hier sind etliche Funde aus Alt- und Jungsteinzeit gemacht worden. Auch steht fest, daß zuerst die Phönizier und die Griechen in vorchristlicher Zeit Handel und Zivilisation nach Katalonien trugen. Von den Karthagern soll Barcelona seinen ersten Namen, Barcino, erhalten haben, zu Ehren General Hamilkar Barkas, Vater des legendären Hannibal.

Im Zweiten Punischen Krieg (3. Jh. v. Chr.) besiegten die Römer Karthago, und danach beherrschten sie während 600 Jahren Iberien. Vier römische Kaiser wurden in Spanien geboren. Römische Überreste sieht der Besucher in ganz Katalonien, von der Küste bis zu den einsamen Berggipfeln: Mauern, Straßen, Häuser, Denkmäler und Weinberge. Das vielleicht wichtigste Erbe werden Sie hören: das Katalanische, ein direkter Nachkomme des Lateinischen.

Im 5. Jh. überrannten die Wandalen und Westgoten das Land. Die nächste Invasion

Aquädukt bei Tarragona: Auch hier herrschte einst Rom.

begann 711, als die Mauren, von Afrika her vorstoßend, die moslemische Herrschaft auf der Halbinsel errichteten. Die christlichen Anstrengungen zur Wiedereroberung Spaniens setzten zwar nie aus, doch der maurische Einfluß auf die spanische Kunst und Architektur blieb stark und nachhaltig.

Ein früher, aber nicht entscheidender Rückschlag für die Mauren bedeutete die Wiedereroberung Barcelonas durch Karl den Großen. Katalonien geriet als Spanische Mark nun in fränkische Abhängigkeit, bis der heldenhafte Graf Wilfried der Haarige für Barcelona die Freiheit gewann.

Kataloniens Goldenes Zeitalter

Das Mittelalter gestaltete sich zur Blütezeit für Kataloniens

Handel, Politik und Geistesleben. Graf Ramón Berenguer I. von Barcelona schuf 1060 eine Art Verfassung, die *Usatges*. Ramón Berenguer III. (1096–1131) schloß mit der unabhängigen Provence, deren Sprache mit dem Katalanischen eng verwandt ist, ein Bündnis und knüpfte mit Italien Handelsbeziehungen an. Ramón Berenguer IV. (1131–62) heiratete eine Prinzessin von Aragonien, ein kluger staatspolitischer Zug, durch den ein bedeutendes vereintes Königreich entstand. Der Graf von Barcelona wurde so zum König von Aragonien, und »Großkataloniens« Blütezeit begann.

Jaime I. (Jakob der Eroberer) vertrieb die Mauren aus ihrer Bastion auf den Balearen und brachte den Inseln Christentum und katalanisches Recht. Seinem Sohn Pedro (Peter) III., dem Großen, gelang mit einigem Glück die Unterwerfung Siziliens. Im 14. Jh. hatte Kataloniens Herrschaftsbereich spektakuläre Ausmaße erreicht, als es zwei griechische Herzogtümer und die Inselreiche Sardinien und Korsika annektierte. Es wurde zum mächtigsten Königreich des Mittelmeerbeckens.

In dieser Epoche blühten auch die Kunst und die Architektur, es entstanden weiträumige Kirchen mit hohen, schmalen Säulen sowie erlesene Bilder und Skulpturen. Der Gelehrte und Heilige Ramón Llull von Mallorca (1235–1315), Lateinern bekannt als Raimundus Lullus, bereicherte die Kultur des Mittelalters mit katalanischen Schriften. Zur

gleichen Zeit zeichneten katalanische Kartographen die Karten, mit denen die ersten großen Seefahrer zu neuen Horizonten aufbrachen.

Ferran (Ferdinand) II. von Katalonien ehelichte Isabella von Kastilien und wurde Ferdinand V. von Spanien. Bekannt als die Katholischen Monarchen, vertrieben sie 1492 die Mauren aus Granada, ihrer letzten Hochburg. Im selben Jahr erteilten sie den Befehl zur Ausweisung der Juden aus Spanien und finanzierten Kolumbus' Fahrt nach Amerika. Diese und spätere Entdeckungen besiegelten ironischerweise das Schicksal Kataloniens. Das Mittelmeer büßte dadurch einen Großteil seiner Bedeutung ein, während die an der Südwestküste gelegenen Cádiz und Sevilla dank dem Atlantikhandel zu Reichtum gelangten.

Unruhige Zeiten
Im 17. Jh. erhob sich Katalonien gegen Philipp IV. von Spanien, einen Habsburger, und begab sich unter den Schutz des Königs von Frankreich. Während zwölf Jahren erschütterten heftige Kämpfe das Land, bis sich das belagerte Barcelona schließlich ergab. Erneut huldigte Katalonien der spanischen Krone, durfte aber die eigene Gesetzgebung behalten.

Ferdinand und Isabella als Prozessionsfiguren (gegenüber). *Im Hafen von Barcelona ankert eine Nachbildung der* Santa María.

Im Spanischen Erbfolgekrieg ging dann alles verloren, denn das eigenwillige Katalonien hatte einmal mehr die falsche Seite – diesmal Habsburg – gewählt. Nach dem Triumph des Bourbonenkönigs Philipp V. im Jahr 1714 wurde Barcelona bestraft, sein Parlament aufgelöst und die katalanische Sprache in Acht getan. Ähnliche Maßnahmen zog der Spanische Bürgerkrieg von 1936–39 nach sich.

Während der zweiten Hälfte des 18. Jh. entriß Karl III. – von Historikern gerne als aufgeklärter Despot bezeichnet – Katalonien seiner unglücklichen Lage, indem er die Häfen dem einträglichen Handel mit Lateinamerika öffnete. Am Rande des Ebrodeltas plante er sogar einen Riesenhafen, doch Sant Carles de la Rápita (siehe S. 63) wurde nie gebaut.

Katalonien, wie dem übrigen Spanien, bescherte das 19. Jh. eine lange Reihe von Kriegen, die 1805 mit dem Dritten Koalitionskrieg begann und 1898 mit dem Spanisch-Amerikanischen Krieg endete. Im ersten zerstörten die Briten unter Admiral Nelson bei Trafalgar die spanisch-französische Flotte, im zweiten verlor Spanien seine restlichen Kolonien: Kuba, Puerto Rico und die Philippinen.

Nach dem Erfolg der Linksparteien in den Kommunalwahlen von 1931 begab sich König Alfons XIII. ins Exil. Die darauffolgenden Wahlen

Nach der Entdeckung Amerikas segelte Kolumbus im Triumph nach Barcelona zurück.

zur Nationalversammlung erbrachten eine große Mehrheit für die republikanischen Parteien mit ihrer sozialistischen und antiklerikalen Politik. Während sich die konservative Opposition zu organisieren begann, wurde in Barcelona die Republik ausgerufen – zum erstenmal seit über 200 Jahren hatte Katalonien wieder seine Autonomie erlangt.

Der Bürgerkrieg

Die folgenden Jahre brachten Aufruhr und Wirren. Die Kluft zwischen der Linken und der Rechten wurde unüberbrückbar. Spaniens jüngster General, Francisco Franco, stellte sich 1936 an die Spitze eines militärischen Aufstandes. Ausländische Streitkräfte mischten sich in den Konflikt ein, so daß der Krieg schließlich drei Jahre lang wütete.

Die Republikaner verlegten ihre Hauptstadt 1937 von Valencia nach Barcelona, wo sich Kommunisten und Anarchisten bereits untereinander heftige Kämpfe lieferten. Von Mallorca aus wurde Barcelona durch italienische Flugzeuge wiederholt bombardiert; für die Bevölkerung begann damit ein Jahr der Entbehrungen. Im Januar 1939 fiel die Stadt schließlich, und Katalonien, aufgeteilt in vier Provinzen, ging wieder in Spanien auf. Zwei Monate später war der Bürgerkrieg, der Hunderttausenden von Spaniern das Leben gekostet hatte, vorüber.

Spanien heute

Spanien wurde nicht in den Zweiten Weltkrieg verwickelt. Unter dem straffen Regime Francos erholte sich das Land in den Nachkriegsjahren. Dann setzte der Massentourismus ein, der sich nachhaltig auf Wirtschaft und Volk auswirkte.

Nach dem Tod des Diktators im Jahre 1975 wurde der von ihm bestimmte Nachfolger, Juan Carlos I., gekrönt. Francos Anhänger waren allerdings wenig erfreut, als der junge König den Weg für die Demokratie in Spanien frei machte.

Sprache und Kultur der Katalanen blühten nach all den Jahren der Unterdrückung erneut auf. Heute hat Katalonien den Status einer autonomen Region innerhalb von Spanien, das nach langer Isolation wieder Anschluß an die Nachbarstaaten gefunden hat und seit 1986 Mitglied der EG ist.

Von Ort zu Ort

Die Goldene Küste nördlich von Barcelona

Schroff sind die Felsen und schmal die Badebuchten der Costa Brava, doch an der Costa Dorada führen überall breite Sandstrände gemächlich hinab zum sanftplätschernden Naß. Ruhig liegt hier die See.

Der Strandstreifen nördlich von Barcelona bis Blanes, zur Grenze an die Costa Brava, ist auch als Costa del Maresme bekannt. (*Maresme* nennt man ein flaches Küstengebiet, das für Überschwemmungen anfällig ist.)

Haben wir erst einmal BADALONA (230 000 Einwohner) – eine Industriestadt nördlich von Barcelona – hinter uns gelassen, so befinden wir uns bald in einem Gebiet mit ländlicherem Charakter. Hier sind die Ortschaften nicht nur Vororte einer Großstadt, sondern bewahren ihre ursprüngliche Eigenständigkeit. Dazwischen erstrecken sich Sandstrände, so weit das Auge reicht. Die Hügel im Hintergrund krönen Burgen und Wachttürme; nur die besterhaltenen oder historisch bedeutsamsten davon sind durch Hinweisschilder gekennzeichnet.

EL MASNOU und PREMIÁ DE MAR, die ersten eigentlichen Badeorte, liegen in einer

Costa Dorada ist gleichbedeutend mit endlosen Stränden und bezaubernden Städten, etwa Sitges (gegenüber).

Gegend, die vor allem wegen ihrer Blumenzucht berühmt ist.

Die erste in Spanien gebaute Eisenbahnstrecke führt an diesen Stränden entlang. Unter

britischer Leitung entstanden, wurde dieser Verkehrsweg zwischen Barcelona und Mataró 1848 eingeweiht. MATARÓ ist eine sehr ernst wirkende Industriestadt von 100 000 Einwohnern, in der braungebrannte Touristen geradezu auffallen. Unter den Römern, die viele unschätzbare Statuen hinterließen, hieß die Stadt Iluro. Die Fundgegenstände aus der Antike wurden im Städtischen Museum untergebracht, bis dieses 1975 schließen mußte, als sich herausstellte, daß mehr als 200 Gegenstände fehlten. Der Kurator erklärte daraufhin seinen Rücktritt...

CALDETES, auch Caldes d'Estrac genannt, ist ein liebenswertes altes Städtchen mit Villen und Pinienhainen, wo schon die Römer in den warmen Quellen (39° C) badeten. Auch heutige Besucher schätzen neben dem großen Strand dieses Mineralbad.

Im 16. Jh., als die Pfarrkirche erbaut wurde, war ARENYS DE MAR bereits von Seefahrern und Fischern bewohnt. Heute, da der Ort ein bedeutendes Segel- und Motorbootzentrum ist, sind die Vergnügungsboote in der Überzahl. In der Kirche steht ein prächtiger Barockaltar, der nach Einwurf einer Münze in einen Automaten in hellem Licht erstrahlt.

Im betriebsamen CANET DE MAR schlägt man unmittelbar am Meer seine Zelte auf. Hier kann man auch Santa Florentina, eine Burganlage aus dem Mittelalter, besichtigen.

Durch die engen Gassen des 2000-Seelen-Fischerdorfes

SANT POL DE MAR gelangt man zum alten Wachtturm auf der Höhe. Im Gegensatz zu vielen anderen Ortschaften an der Costa Dorada hat Sant Pol sein Eigenleben zu wahren gewußt.

CALELLA, genauer Calella de la Costa, im Unterschied zu Calella de Palafrugell an der Costa Brava, ist um so rühriger.

Zahlreiche Ferienwohnblocks und Hotels bieten Tausenden von Besuchern Platz, die hier in »weltoffener Fröhlichkeit« zusammenströmen. Zu den besonderen Merkmalen gehören ein weißer Leuchtturm am südlichen Zipfel der Stadt, eine Kirche aus dem 18. Jh. und eine baumbestandene Promenade am breiten Sandstrand. Souvenirläden, Bars und Restaurants bestätigen Calellas Bedeutung als international beliebten Ferienort.

Sauberes Wasser am über 3 km langen Strand hat das Dorf PINEDA DE MAR zu einem beliebten Ferienziel gemacht.

Gleich nebenan wurde das Bauerndorf SANTA SUSANNA mit allem Drum und Dran zum Touristenzentrum »saniert«.

Auch MALGRAT DE MAR, das Industriestädtchen mit seinen rund 10 000 Einwohnern, kann sich mit seinem 5 km langen Strand mit allen Einrichtungen nicht über Mangel an Sonnenanbetern beklagen.

Hinter Malgrat endet die Costa del Maresme; jenseits des Río Tordera beginnt die Costa Brava. Das breite Flußbett, das die Grenze bildet, liegt im Sommer meist staubtrocken und trostlos da. Im Winter aber stürzt das Wasser von der Serra de Montseny zum Meer hinunter, und der Tordera wird zum reißenden Fluß, spült manchmal Brücken weg und tritt über die Ufer.

Touristen, die sich an diesem Teil der Küste aufhalten, haben Gelegenheit zu eindrucksvollen Ausflügen aufs Meer hinaus. Die Boote legen meist an so berühmten Orten wie Blanes, Lloret, Tossa und Sant Feliú de Guíxols an. Wenn Sie die Costa Brava vom Meer aus sehen, so werden Sie begreifen, weshalb sie Weltruf genießt.*

* In einem anderen Band dieser Reihe, dem BERLITZ REISEFÜHRER COSTA BRAVA, finden Sie Auskunft über alles, was es dort zu erleben und zu sehen gibt.

Barcelona

Die Hauptstadt Kataloniens ist eine Metropole der Vitalität und des Geistes, in deren Grenzen nahezu 2 Millionen Menschen leben (mit einer weiteren Million in den Vororten). Ein Zentrum der Banken, des Verlagswesens und der Schwerindustrie, hat Barcelona aber auch dem Besucher viel zu bieten – die mächtige Kathedrale, den Hafen, anmutige Promenaden und ausgezeichnete Museen. Verborgene Sehenswürdigkeiten belohnen den aufmerksamen Betrachter – ein vornehmer Patio, eine kunstvoll geschmiedete Straßenlaterne, ein grinsender Wasserspeier, eine anatomisch geformte Parkbank aus Keramik.

Die lebhaften Bewohner von Barcelona wissen, wie man Geld verdient – und auch, wie man es ausgibt, nämlich für Blumen, Fußball, Musik, Bücher und klebrige Süßigkeiten für ihre Kinder. Sie besuchen Stierkämpfe und Feinschmeckerlokale, tanzen gerne auf der Straße, gehen zum Striptease

Barcelona einmal aus der Luft zu betrachten, lohnt sich auch.

und machen große Toilette für den Besuch im Opernhaus.

Im Mittelalter war Barcelona Hauptstadt eines erstaunlich einflußreichen Kataloniens. Das Marinemuseum (in der ehemaligen Schiffswerft) erinnert an die großen Zeiten der Herrschaft zur See im 13. Jh., als selbst weit entfernte Städte von hier aus regiert wurden. Kennzeichnend für jene Zeit ist, daß hier Europas erstes See- und Schiffahrtsrecht entstand.

Ein zweiter wirtschaftlicher und künstlerischer Aufschwung erfolgte mit der Industrialisierung im 19. Jh., und vorübergehend erlangte die Stadt im 20. Jh. wieder politische Bedeutung. Barcelona wurde 1931 die Hauptstadt einer autonomen katalanischen Republik, mit der es 1939 unter den Nationalisten bereits zu Ende ging. Mit Franco kamen für Katalonien harte Jahre. Heute erblüht hier wieder selbstsicher uraltes Gut an Sprache und Kultur.

Gotisches Viertel

Sie durchwandern 1500 Jahre Geschichte, wenn Sie sich an der **Plaça de Catalunya** zum Streifzug durch das Gotische Viertel *(Barri Gòtic)* aufmachen. Die meisten Bus- und U-

Bahn-Linien laufen hier zusammen, Tag und Nacht flutet der Verkehr über diesen blumengeschmückten Platz.

An seiner südöstlichen Ecke beginnt die verkehrsfreie Gasse namens **Portal de l'Ángel** (Engelstor). Das Sträßchen, das immer enger wird, je weiter man sich vom Platz entfernt, ist mit seinen Bänken ein wahrer Zufluchtsort.

Gotisches Viertel: mittelalterliche Architektur, wohin man schaut.

Die Avinguda Portal de l'Ángel führt zur **Plaça Nova,** zum Neuen Platz, der gar nicht so neu ist. Im 13. Jh. wurde in dieser Gegend schon gehandelt. Heute findet hier sonntags ein Markt im Freien statt. Wie ein Fremdkörper wirkt die moderne Hochschule für Architektur an diesem Platz. Auf den ersten Blick könnte man meinen, die Fassade sei von Kinderhänden dekoriert worden. Bei näherem Hinsehen jedoch errät man, daß kein anderer als Pablo Picasso diese Szenen katalanischen Brauchtums in riesigen Sgraffiti festgehalten hat.

Schon sind die Türme der Kathedrale in Sicht. Doch achten Sie zunächst auf die beiden steinernen Wehrtürme vor Ihnen, die sogenannte Portal del Bisbe (Bischofspforte). Sie gehörten zur aus dem 4. Jh. stammenden römischen Stadtmauer, die 800 Jahre später erhöht wurde.

Wenn Sie zwischen dem Palau Episcopal (Bischofspalast) und dem Haus des Archidiakons stehen, umgibt Sie plötzlich der Hauch des Gotischen Viertels von Barcelona. Versäumen Sie nicht den Blick in den romanischen Innenhof des Bischofspalastes, den ersten von zahlreichen prächtigen Innenhöfen, die Sie in Barcelona bestaunen werden. Es besteht jedoch kaum Ähnlichkeit zwischen der Eleganz dieser Säulenreihen und den wohlbekannten, weißgekalkten spanischen Patios.

Der Hof der **Casa de l'Ardiaca** (Haus der Erzdiözese) wirkt mit seiner schlanken Palme und dem moosbewachsenen Brunnen vergleichsweise viel intimer. Das aus dem 11. Jh. stammende Gebäude wurde im frühen 16. Jh. wiederhergestellt.

Und nun zur **Catedral de Santa Eulalia,** die einem jungen Mädchen geweiht ist, von dem die Legende erzählt, es sei im 4. Jh. wegen seines christlichen Glaubens gefoltert und hingerichtet worden.

Der Bau der Kathedrale wurde Ende des 13. Jh. begonnen und dauerte 150 Jahre. Im späten 19. Jh. konnten dann mit Unterstützung eines reichen Industriellen weitere Arbeiten vorgenommen werden. Einige Kritiker behaupten, die reine Wirkung katalanischer Gotik sei dadurch zerstört worden. Doch lassen Sie sich nicht davon beeinflussen – kommen Sie eines Nachts wieder, wenn die Türme beleuchtet sind und von innen her warmes Licht durch die farbigen Glasfenster strömt: ein faszinierender und erhebender Anblick.

Der gotische Innenraum ist im typischen Stil Kataloniens in drei Schiffe gegliedert, die dem Besucher ein Gefühl erhabener Größe vermitteln.

Die Seitenkapellen bergen kostbare Gemälde und Skulpturen. In der Kapelle des hl. Benedikt steht das lebensnahe **Altarbild der Verklärung,** ein Werk des katalanischen Künstlers Bernat Martorell aus dem 15. Jh.

Der reichverzierte **Chor** wur-

1 Palau Episcopal
2 Casa de l'Ardiaca
3 Catedral
4 Palau de la Generalitat
5 Casa de la Ciutat (Ajuntament)
6 Saló del Tinell
7 Capella Reial de Santa Agata
8 Museu d'Història de la Ciutat
9 Museu Frederic Marés

de in der geometrischen Mitte der Kathedrale angelegt. Die prunkvollen Baldachine über dem Chorgestühl entstanden unter der Mitwirkung zweier deutscher Holzschnitzer ebenfalls im 15. Jh.

Unter dem Hochaltar führt eine breite Treppe zur Krypta der hl. Eulalia hinunter. In den Stein gehauene Schelmenköpfe schmücken Treppe und Bogen. Der reichverzierte Alabastersarkophag der Heiligen stammt aus dem Jahr 1327.

Nun aber wieder ans Tages-

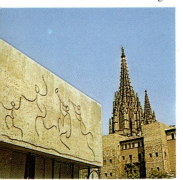

licht. Heiter empfängt Sie der klassische gotische **Kreuzgang** aus dem 15. Jh. Ein Kreuzgang ist gleichbedeutend mit Stille, und die finden Sie auch hier – abgesehen vom lauten Schnattern der Gänse, die, wie schon seit vielen hundert Jahren ihre Vorfahren, hier buchstäblich den Ton angeben.

Das **Museu de la Catedral** zeigt religiöse Gemälde und Skulpturen vom späten Mittelalter an.

Bevor Sie jedoch die Kathedrale verlassen, treten Sie in die **Capella de Santa Llucia** (Kapelle der hl. Lucia) ein, eine Kapelle von spartanischer Strenge, die der Bischof, dessen Grab Sie hier sehen, im 13. Jh. erbauen ließ. Achten Sie auf die in den Boden eingelassenen Grabplatten aus dem 13. und 14. Jh.

Und nun zu einigen weiteren Höhepunkten in der Umgebung der Kathedrale und im Barrio Gótico: Da ist einmal das **Museu Frederic Marés,** eine beachtliche Sammlung künstlerisch wertvoller Skulpturen, die bis ins 10. Jh. zurückreicht.

Das **Museu d'Història de la Ciutat** (Museum der Stadtgeschichte) sollten Sie auf jeden Fall besichtigen. Der durchschnittliche Besucher interessiert sich zwar wohl nicht sehr für die alten Karten und Dokumente, die in diesem hübschen Palast aufbewahrt werden. Im Kellergeschoß jedoch erwartet ihn eine unvergeßliche Szenerie. Unterirdische Gänge folgen gleichsam der römischen Kultur: Häuser, Wasserleitungen, Statuen und Keramiken sind hier ausgegraben und freigelegt worden. Gegenwärtig suchen Archäologen unter der Kathedrale nach Überresten der westgotischen Besiedelung.

Das Museum liegt an der **Plaça del Rei,** dem geschichtsträchtigen Königsplatz. So will es die Überlieferung, daß Ferdinand und Isabella, die katholischen Monarchen, an dieser Stelle Kolumbus empfingen, als er von seiner ersten Reise in die Neue Welt zurückkehrte. Ein Gemälde zeigt das königliche Paar, auf den Stufen der Treppe zum **Saló del Tinell** (Tinell-Saal) sitzend, während die von dem

Der Turm der Kathedrale erhebt sich über Picassos Sgraffito-Fassade. Plaça del Rei (unten): Das Mittelalter hat hier überlebt.

Helden mitgebrachten Indianer sich hingebungsvoll ihren neuen Gebietern nähern.

Auch wenn Kolumbus damals nicht auf dieser Treppe empfangen wurde, so hätte sich der Saal doch vorzüglich für eine solche Feierlichkeit geeignet. Der im 14. Jh. erbaute Saló del Tinell ist ein riesiger Raum mit einer auf sechs Bogen ruhenden holzgetäfelten Decke. In der Mitte des 16. Jh. entstand darüber die **Torre del Rei Martí** (als Ausguck für den König Martin bestimmt), ein sonderbarer Aufbau aus offenen, mit Bogen geschmückten Galerien, die sich fünf Stockwerke hoch über den Saal erheben. Genau der richtige Ort, um ein einfaches Spiegelfernrohr einzurichten, dank dessen König Martin das Meer beobachten konnte.

Am selben Platz befindet sich auch die **Capella de Santa Agata** (Kapelle der hl. Agathe), eine mit einem schlanken Turm geschmückte königliche Kirche aus dem 13. Jh. Die Rückseite der Kapelle, dem modernen Stadtteil zugewandt, ruht auf den Überresten der alten römischen Stadtmauer. Von der **Plaça de Ramón Berenguer el Gran,** einer Art versunkenem Garten, der bis an die Mauer reicht, läßt sich das alles eingehender betrachten.

Die **Plaça Sant Jaume** (Platz des hl. Jakob) liegt mitten im Herzen der Stadt – und auch ihrer Bewohner; denn den Platz zieren zwei unverkennbare symbolische Gebäude Barcelonas: das Rathaus und die Generalitat.

Das **Palau de la Generalitat** an der Nordseite des Platzes ist der Sitzungsort von Kataloniens selbständiger Regierung. In diesem Repräsentationsbau aus dem 15. Jh. befinden sich die Georgshalle mit Fresken und Gemälden von unschätzbarem Wert und (im Obergeschoß) ein mit Orangenbäumen bepflanzter Innenhof.

Gegenüber steht die **Casa de la Ciutat** oder auch Ajuntament (Rathaus), die noch älter ist. Der **Saló del Consell de Cent** (Saal des Rates der Hundert) strahlt nach seiner Restauration wieder im ursprünglichen Glanz; kein Abgeordneter brauchte sich eines solchen Sitzes zu schämen.

Aber das Leben im mittelalterlichen Barcelona war nicht nur Glanz und eitel Freude. Westlich der Generalitat liegt das alte Jüdische Viertel, mit Straßennamen wie Call und

Banys Nous. Im 11., 12. und 13. Jh. war dies ein Zentrum der Philosophie, Poesie und Wissenschaften, und die jüdischen Geldverleiher finanzierten die Eroberungen Jakobs I. rund um das Mittelmeer. 1391, als der Antisemitismus dann ganz Spanien ergriff, wurde das Ghetto gestürmt, und 300 Juden starben innerhalb von einer Stunde.

La Rambla

Barcelonas berühmteste Promenade führt von der Plaça de Catalunya bis hinunter zum Hafen. Die Rambla bietet ein Schauspiel wie Licht und Schatten: das Armselig-Flittrig-Grelle hat hier ebenso seinen Platz wie Charme und Eleganz. Kaum ein Besucher vermag sich der Faszination dieses über 1,5 km langen Boulevards mit seinem rund um die Uhr herrschenden Trubel zu entziehen. Wenn Sie durch und durch pflastermüde sind, setzen Sie sich in ein Straßencafé oder auf einen gemieteten Stuhl und lassen die Menge an sich vorüberziehen.

La Rambla: sehen und gesehen werden für Jung und Alt.

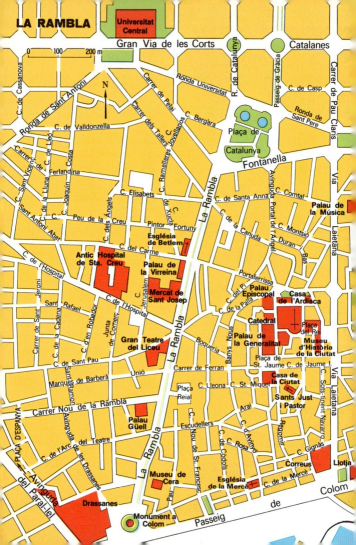

An jeder zweiten Kreuzung, könnte man meinen, ändert die Rambla ihren Charakter und auch ihren offiziellen Namen, im ganzen fünfmal – weshalb sie häufig in der Mehrzahl »Les Rambles« genannt wird.

Die Rambla ist allerdings nicht an der Plaça de Catalunya, dort wo sie beginnt, am eindrucksvollsten. Den Fremden verblüfft meist der lebhafte Betrieb hier, aber der Schein trügt, denn die heftig diskutierenden Gruppen ereifern sich nicht über Politik oder Gott und die Welt, sondern über das letzte Spiel ihrer Fußballmannschaft.

Hier bieten die Kioske eine internationale Auswahl an Zeitungen, Illustrierten und Büchern, doch auch ein Lotterielos oder eine einzelne Zigarette kann man auf den Ramblas von einem fliegenden Händler erstehen.

Einige Schritte weiter, und Sie sind schon im ehemaligen Universitätsviertel, wo sich die Studenten im 16. und 17. Jh. zu versammeln pflegten – daher heißt die Rambla hier »dels Estudis«.

Die mächtige alte **Església de Bethlem** (Kirche von Bethlehem) sieht wie eine echte Sehenswürdigkeit aus. In Barcelona jedoch, das soviele außergewöhnliche Kirchen besitzt, vermag sie nur mäßig zu beeindrucken.

Wollen Sie sich hier einen Papagei oder einen Affen anschaffen? Vielleicht ziehen Sie es vor, dem Tierhandel nur zuzusehen. Gleich nach den Vögeln kommen die rund ums Jahr bunten Blumenstände mit Nelken aus der Umgebung, Kakteen und Paradiesvogelblumen von den Kanarischen Inseln.

Der **Palau de la Virreina** (eine Erinnerung an die spanische Vizekönigin in Peru im 18. Jh.) ist eines der prächtigsten Gebäude an der Rambla. Es beherbergt das Kulturamt der Stadt und auch das Postmuseum und eine Münzenausstellung, in denen sich Sammlerfreunde wohlfühlen. In anderen Stockwerken des Palastes sind örtliche Schaustücke zu besichtigen.

Der **Mercat de Sant Josep** (unter Einheimischen als *La Boquería* bekannt) liegt auch an der Rambla und ist ein Marktplatz aus dem 19. Jh.; man muß ihn durchstreifen, um das Angebot an Früchten, Gemüse, Fleisch, Fisch und Meeresfrüchten würdigen zu können.

Auf Don Quijotes Spuren

Don Quijote von La Mancha, einer der ersten Touristen, hatte das Meer nie gesehen, bevor er nach Barcelona kam. In Kapitel 60 von Buch II des unsterblichen Romans von Miguel Cervantes schildert Don Quijote die rauhe Atmosphäre, die im 16. Jh. für Barcelona typisch war, und stellt fest, daß hier Banditen und Verbrecher gleich dutzendweise gehängt würden. Als er zufällig auf die grausigen Überreste einer solchen Hinrichtungsstätte stößt, nimmt er ein altes Sprichwort vorweg und meint, er müsse wohl in der Nähe von Barcelona sein.

Unmittelbar hinter dem Markt, an der Plaça del Doctor Fleming (zu Ehren des Penicillin-Entdeckers), überlebt ein Beruf aus vergangener Zeit. In vier offenen, nebeneinander liegenden Ständen erfüllen vier Männer in den Vormittagsstunden die jahrhundertealte Rolle von Schreibern. Mit zunehmender Alphabetisierung der Bevölkerung hat sich auch ihr Angebot gewandelt. Sie tippen Geschäftsbriefe, füllen Formulare aus und übersetzen – doch man munkelt, der Liebesbrief manch eines feurigen Liebhabers stamme auch jetzt noch aus einer dieser vier Federn.

Ein weiterer Abstecher bringt Sie zum **Hospital de la Santa Creu,** einem Gebäudekomplex, in dem auch die Bibliothek und die aus dem

18. Jh. stammende Königliche Akademie der Medizin und Chirurgie untergebracht sind. Sie sollten den alten Operationssaal besichtigen, der von einem riesigen Kristalleuchter erhellt wurde. Früher stand hier ein Pilgerhospital aus dem 13. Jh.

Wieder zurück an der Rambla, schlendert man am Hauptportal des **Gran Teatre del Liceu,** des Opernhauses, meist nur achtlos vorüber. Doch hinter der eher schlichten Fassade verbirgt sich einer der prunkvollsten und größten Festsäle der Welt. (Die Opernsaison in Barcelona geht von Dezember bis Mai.)

In der Rambla-Nebenstraße Carrer Nou steht einer der prächtigen Bauten, die Gaudí schuf: **Palau Güell.** Die wie

Der Reiz des alten Spaniens lebt in dieser Straße im Poble Espanyol weiter.

eine Festung wirkende Residenz wurde für einen katalanischen Aristokraten entworfen (siehe Seite 42).

Carrer Nou de la Rambla und die Rambla bilden die inoffizielle Grenze des schlecht beleumdeten **Barrio Chino** (Chinesenviertels). Die Prostitution wurde zwar 1956 in Spanien verboten, doch werden Sie in diesem Teil Barcelonas nichts davon merken.

Von mittags bis zum Morgengrauen geht es in den engen alten Straßen zu wie in den finstersten Ecken anderer Hafenstädte auf der Welt. Vor kleinen Gaunern, vor allem Handtaschenräubern, müssen Sie sich hier in acht nehmen.

Auf der gegenüberliegenden Seite der Rambla bietet der **Plaça Reial** (Königlicher Platz) eine weitere Sehenswürdigkeit. Am Sonntagmorgen dient er jeweils Briefmarken- und Münzsammlern als Börsenplatz. In den Säulengängen und auf dem Platz stehen sich dann grimmig aussehende Profis, mit Pinzette und Lupe ausgerüstet, herausfordernd gegenüber.

Am unteren Ende der Promenade werden Sie in Barcelonas **Museu de Cera** (Wachsfigurenkabinett) eingeladen. In dem ehemaligen Bankgebäude sehen Sie lebensechte Figuren – vor allem von Mördern und bekannten Verbrechern.

Die Rambla führt hinunter bis zur Kolumbusstatue und zum Hafen (siehe S. 37). Kein Tourist, ob er nun im Schatten der Platanen auf der Promenade spaziert oder am Rande der Straße die Schaufenster betrachtet (wo es von der elektrischen Gitarre bis zur Taucherglocke alles zu kaufen gibt), wird es sich nehmen lassen, die ganze Rambla entlangzugehen, denn hier schlägt das Herz Barcelonas.

Montjuïc

Sie können einen ganzen Tag auf diesem bescheidenen Berg von 200 m Höhe bleiben, ohne sich zu langweilen. Montjuïc (Aussprache: »monschwich«, zweite Silbe betont) war lange nur von militärischer Bedeutung; 1929 aber, anläßlich der Weltausstellung, wurden die Hänge mit Hunderten von Gebäuden buchstäblich bedeckt, wovon die interessanteren heute noch stehen.

Montjuïc – dieser Name geht entweder auf einen alten Judenfriedhof zurück, oder er stammt schon aus römischer

Zeit, als der Berg Mont Jovis, Berg des Jupiter, hieß. Er beginnt – mehr oder weniger offiziell – an der Plaça d'Espanya, diesem tosenden Verkehrskarussell. Von hier aus überblicken Sie das Ausstellungsgelände und sehen den riesigen **Brunnen,** der an Wochenenden und Feiertagen nachts in den buntesten Farben schillert; die Hauptfontäne erreicht eine Höhe von 50 m.

Gleich neben dem Brunnen steht der deutsche Pavillon, der von keinem geringeren Architekten als Mies van der Rohe für die Weltausstellung von 1929 entworfen und kurz darauf abgerissen wurde. In einer Anwandlung von Bürgerstolz wurde er kürzlich wieder aufgebaut und ist jetzt als **El Pavelló Barcelona** bekannt.

All dies wird von der mächtigen Kuppel eines Palastes überragt, der ebenfalls für die Weltausstellung errichtet wurde. Vom architektonischen Standpunkt gebührt dem Palau Nacional kein besonderer Ruhm; er beherbergt jedoch das **Museu d'Art de Catalunya,** eine der bedeutendsten Sammlungen mittelalterlicher Kunst überhaupt. Dieses außerordentlich übersichtlich angelegte Museum enthält 68 Ausstellungsräume in chronologischer Reihenfolge; aber erkundigen Sie sich vorher, ob es nicht gerade wegen Renovierungsarbeiten geschlossen ist.

Die katalanischen religiösen Gemälde aus dem 10. und 11. Jh. erinnern an Ikonen aus dem alten Byzanz. Verfehlen Sie nicht die schönen Holzschnitzereien und die prächtigen Fresken aus dem 12. Jh., die aus zerfallenden Kirchen geborgen wurden.

Ein weiteres Andenken an die Weltausstellung, die Galerie der Graphischen Künste, beherbergt jetzt das **Museu Arqueològic.** Es besitzt eine Sammlung prähistorischer Funde, die vorwiegend aus Katalonien und von den Balearen stammen, sowie zahlreiche griechische und römische Schaustücke aus Empúries (Ampurias) an der Costa Brava, wo sich zuerst die Phönizier im 6. Jh. v. Chr. niedergelassen hatten. Ein Teil der Ausstellung ist der römischen Vergangenheit Barcelonas gewidmet.

Das **Museu Etnològic** (Ethnologisches Museum) birgt Stücke, die im Laufe der Zeit auf Expeditionen in ferne exotische Lande zusammengetragen wurden.

Das neueste Museum auf Montjuïc ist die 1975 eröffnete **Fundació Joan Miró,** ein Komplex aus Beton und Glas des Architekten Josep M. Sert, der dem großen Sohn Kataloniens, Joan Miró, gewidmet ist. Hier ist das Selbstbewußtsein so weit gegangen, alle Titel katalanisch – und manchmal französisch – anzuschreiben, keinen einzigen aber auf spanisch. Die ausschweifenden Farben und Formen der Bilder, Skulpturen,

Die Türme der Sagrada Familia: *für die Katalanen eine Quelle des Stolzes.*

Zeichnungen und Teppiche Mirós machen dies zu einem der heitersten Museen der Welt.

Touristengruppen besuchen fast ausnahmslos das **Poble Espanyol** (»Spanisches Dorf«), in dem Architektur und Kunst aus ganz Spanien gezeigt wird.

Schon 1401 gab es auf dem Montjuïc ein Warnsystem mit Flaggen und Feuern, um die Flotte auf nahende Piraten aufmerksam zu machen. Die Burg, die heute so trutzig auf dem Berg steht, wurde allerdings erst 1640 erbaut; 1960 wurde sie der Stadt übergeben und das **Museu Militar** (Militärmuseum) darin eingerichtet. Vom Dach der Festung überblickt man ganz Barcelona, das Meer und den Hafen.

Besuchern, die viel Zeit haben, bietet Montjuïc weitere Anziehungspunkte – ein griechisches Amphitheater, Sportanlagen, sorgfältig angelegte und gepflegte Gärten und einen Vergnügungspark mit Riesenrad, Achterbahn und einem besonderen Kinderspielplatz.

Hafen und Umgebung

Barcelona-Werber sind es gewohnt, in Superlativen zu sprechen: Barcelona sei die größte Stadt am Mittelmeer und das **Monument a Colom** (Kolumbusdenkmal) zwischen dem Hafen und der Rambla das höchste zu Ehren des Entdeckers errichtete Denkmal der Welt. Ein Fahrstuhl im Innern der Säule bringt Sie auf die obere Plattform, von der Sie eine herrliche Sicht über Barcelona und das Meer haben.

Die modernen Handelspaläste aus Glas und Beton sind vergänglich, nicht aber die **Reials Drassanes,** die mittelalterliche Schiffswerft. Die ersten Arbeiten an dem ausgedehnten Gebäude wurden im 13. Jh. in Angriff genommen. Heute ist es das einzige erhaltene Werk dieser Art auf der Welt. Es zeugt davon, was katalanische Architektur und Industrie im Mittelalter zu leisten vermochten.

Seit 1941 ist das **Museu Marítim** (Marinemuseum) in diesen weiten Hallen zu Hause. Faszinierend ist namentlich eine lebensgroße Nachbildung der *Real,* des siegreichen Flaggschiffs bei der Schlacht von Lepanto (1571), als eine spanisch-venezianische Flotte gegen die Türken kämpfte. Aber auch Modelle von Fischerbooten und Frachtern sowie lockende Galionsfiguren sind zu sehen. In der Kartenabteilung wird ein 1439 gezeichneter Atlas aufbewahrt, der einst Amerigo Vespucci gehörte.

Über eine sehr breite, verkehrsreiche Straße gelangt man zum **Portal de la Pau** (Friedenstor), wo ein »Ableger« des Marinemuseums, die Nachbildung der *Santa María*, vor Anker liegt. Tagsüber können Besucher an Bord von Kolumbus' Flaggschiff gehen, dessen Ausstattung und Geräte den ursprünglichen genau entsprechen sollen.

Wie alle großen Häfen bietet dieser Teil Barcelonas eine besondere Atmosphäre mit Hafenarbeitern, Anglern und gitarrespielenden Touristen, die, auf ihrem Rucksack sitzend, die nächste Fähre nach Ibiza erwarten. Weiter draußen liegt ein riesiges weißes Linienschiff, während Ausflugsbarken, die *golondrinas* (Schwalben) heißen, auf Neugierige warten, um ihnen den Hafen aus Meereshöhe zu zeigen.

Von der Plaça Portal de la Pau kann man über den Boulevard **Moll de Bosch i Alsina** einen herrlichen Spaziergang am Meer entlang machen.

Eine größtenteils künstliche Halbinsel, **La Barceloneta** (Klein-Barcelona) genannt, schließt den Hafen vom offenen Meer ab. Ihre Bewohner gelten als Originale, viele von ihnen sehen aus wie Statisten eines Folklorefilms. Barcelonas beliebteste Fischrestaurants liegen in diesem alten Viertel. Und auch als stadtplanerisches Experiment des 18. Jh. lohnt die Anlage von Barceloneta ein genaueres Hinsehen. Die Häuser sind lang und sehr schmal, so daß jedes Zimmer zu einer Straße hin geht.

Mehrere Buslinien enden am Passeig Nacional von Barceloneta, wo sich das städtische **Aquari** (Aquarium) be-

Die kühlende Brise ist bei der Hafenrundfahrt inbegriffen.

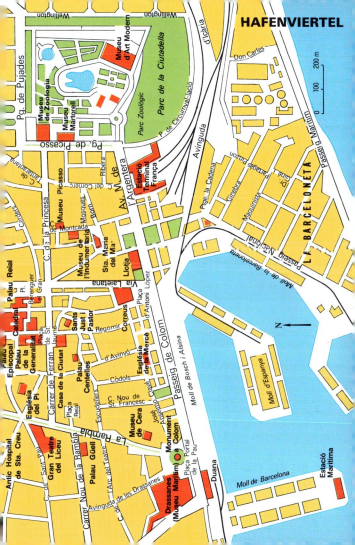

findet, das sich – im Gegensatz zu der Abteilung des Zoos (siehe S. 45) – ausschließlich mit der Flora und Fauna des Mittelmeers befaßt. Die Beleuchtung ist schummerig – man hat hier mehr an die Fische gedacht als an die Besucher.

Eisenbahnanlagen trennen Barceloneta vom Parc de la Ciutadella (siehe S. 44). End-

station ist die Estació de França, wo alle Züge aus Frankreich ankommen.

La Llotja (*Llontja* auf katalanisch) ist die Börse. Seit dem 14. Jh. hat hier stets *bolsa* (Tauschhandel) irgendeiner Art stattgefunden.

Der Grundstein zur **Església de Santa Maria del Mar** (Kirche der hl. Maria vom Meer) wurde 1329 gelegt. In ihr treten mehr als in jedem anderen Gebäude in Barcelona Glanz und Größe der katalanischen Kirchen des 14. Jh. in Erscheinung. Von karger Schönheit, beeindruckt sie den Besucher durch die Reinheit in der Linienführung ihrer emporstrebenden Bogen. Aber sie dient nicht nur religiösen Zwecken, sondern es finden hier auch häufig Konzerte statt. Die Kirche liegt übrigens gleich dort, wo im Mittelalter Turniere und Karnevalsumzüge abgehalten wurden – und die Opfer der Inquisition hingerichtet wurden.

Die **Carrer de Montcada** wäre auch dann einen Besuch wert, wenn an ihr nicht eines der beliebtesten Museen Barcelonas stünde. Schon im 12. Jh. bauten die vornehmen Familien Kataloniens ihre Paläste in dieser Straße. Sehen Sie sich die steinernen Wappen über den Portalen an oder auch die Höfe, in denen man sich von der Herrlichkeit früherer Zeiten umgeben fühlt.

Das **Museu Picasso** wurde an der Carrer de Montcada in drei nebeneinanderliegenden Palästen des 13. Jh. eingerichtet. Mit 14 Jahren war der in Málaga geborene Pablo Ruiz Picasso nach Barcelona gekommen, um Malerei zu studieren. An diese Tage erinnern frühe Zeichnungen und Bilder. Sein wahres Talent schimmert schon in seinen allerersten Zeichnungen durch. Das große Ölgemälde *Wissenschaft und Fürsorge* hätte das Werk eines Meisters sein können: Als er es malte, war er 15. Ein Teil der Ausstellung ist einer Serie von 58 Bildern gewidmet, die Picasso dem Museum im Jahre 1968 schenkte. 44 davon sind bizarre Variationen zum Thema *Las Meninas,* dem berühmten Gemälde von Velázquez, das im Prado von Madrid hängt.

Daneben ist eine Sammlung von über 100 Drucken des Künstlers zu sehen, die zwischen den 20er und den 60er Jahren entstanden.

Auf der gegenüberliegenden Seite der Straße hat die Stadt Barcelona in einem wunderschönen Palast das **Museu de l'Indumentaria** (Kostümmuseum) eingerichtet.

Am nahen Passeig de Picasso erweist Spaniens bekanntester moderner Bildhauer, Antoni Tapiès, mit einer ausgefallenen Brunnen-Skulptur Picasso seine Ehrerbietung. Wasser sprudelt in und um einen Glaswürfel, in dem ein paar alte Stühle und ein Sofa stehen – mit Stricken verknotet, strotzend von Stahlträgern und kunstvoll mit einem Tuch behängt. Picasso hätte daran wahrscheinlich seine helle Freude gehabt.

»Eixample« und Gaudí

»Eixample« bedeutet Erweiterung, Anbau, Vergrößerung. In Barcelona bezeichnet man so die neue Stadt, die im 19. Jh. entstanden ist. Die »Eixample«, deren Grundfläche ein Vielfaches derjenigen der Altstadt beträgt, wurde sorgfältig geplant. Passeig de Gràcia und Rambla de Catalunya sind elegante Boulevards. Die sehr lange und breite **Avinguda Diagonal** ist nicht nur die Hauptverkehrsader von der Autobahn ins Zentrum, sondern auch eine stattliche Allee mit Palmen und architektonisch interessanten Bauwerken.

In der »Eixample« finden Sie einige der originellsten Häuser, die je gebaut wurden, entworfen von den genialen Jugendstil-Architekten, die Ende des 19. und Anfang des 20. Jh. in Barcelona gearbeitet haben. Der größte von allen, Antoni Gaudí, war ein heftig umstrittener Geist, der 1852 in der katalanischen Marktstadt Reus geboren wurde, 1926 überfuhr ihn eine Straßenbahn in Barcelona.

Der **Palau Güell** ist eines von mehreren Gebäuden, die Gaudí für seinen Freund und Mäzen Eusebio Güell, einen in England erzogenen Industriellen, Politiker und Edelmann, baute. Dieser Palast (siehe S. 33–34), zwei Schritte von der Rambla entfernt, verbirgt allerdings die größten Neuerungen vor der Öffentlichkeit, denn obwohl die Straßenfassade mit kunstvollem Eisenwerk geschmückt ist, läßt sie Gaudís Witz und Farben vermissen. Das Gewirr von Kaminen auf dem Dach wiederum ist so originell, daß es dem Haus etwas von seiner Strenge nimmt.

Casa Batlló. Aus der U-Bahn kommend, blickt man plötzlich auf Gaudís sinnliche Kurven in Stein und Eisen und auf seine zarten Bildwerke aus Kacheln. Daneben steht die Casa Amatller, ein Haus des brillanten katalanischen Architekten Puig i Cadafalch. Es bildet einen derartigen Gegensatz zu Gaudís Werk, daß die Häusergruppe oft »Zankapfel« genannt wird (was im spanischen ein Wortspiel beinhaltet).

Ein Gaudí-Klassiker: Casa Batlló am Passeig de Gràcia.

Casa Milá (»La Pedrera«). Das große Mietshaus an der Ecke von Passeig de Gràcia und Carrer de Provença wird von manchen als schwerfälliges Monstrum aus Stein abgelehnt. Bewunderer Gaudís dagegen rühmen die dekorative, wellenförmige Fassade, die bizarren Gitter und die berühmte Dachterrasse, überragt von merkwürdigen Kaminen und Ventilatoren.

Casa Vicenç. Dies war der erste große Auftrag Gaudís, der 20 Jahre vor dem Bau der Casa Milá seinen Stil noch nicht gefunden hatte; alles wirkt noch sehr uneinheitlich an diesem Sommerhaus eines reichen Kachelfabrikanten.

Parc Güell. Dieser unerhört einfallsreiche Park war ursprünglich als Vorortssiedlung geplant, konnte aber nicht in diesem Sinne realisiert werden. Graf Güell und Gaudí wollten die perfekte Gartenstadt für 60 Familien bauen, doch nur zwei Häuser wurden verkauft (eines erstand Gaudí selbst). Die fröhliche Originalität dieser Parkanlage, die 1926 von der Stadt Barcelona übernommen wurde, begeistert jung und alt. Sehen Sie sich die Lebkuchenhäuschen an und wandern Sie durch den Park, nur um festzustellen, daß der große Garten in Wirklichkeit das Dach dessen ist, was ein Marktplatz hätte werden sollen, getragen von einem wahren Dickicht von Säulen.

Temple Expiatori de la Sagrada Familia (Heilige Familie). Gaudís ewig unvollendet bleibende Kathedrale, die manche mit einer Sandburg vergleichen. Wild und wunderbar, ist sie ein extravaganter Lobgesang auf das Talent und den Glauben eines einzelnen Mannes. Mit den vier ersten Türmen mag Gaudí, bewußt oder unbewußt, die klassische Kathedrale im Gotischen Viertel nachgeahmt haben. Oder dachte er an die »menschlichen Pyramiden« der katalanischen Folklore? Hätte er gelebt, wie hätte er weitergebaut? Kann ein einziges Gebäude, auch wenn es noch so riesig ist, so viele verschiedene Stilrichtungen in sich vereinen? Für viele Katalanen ist diese erstaunliche Kirche ein Ausdruck ihres eigenen Glaubens und Strebens, und mit den Mitteln, die sie zur Verfügung stellen, wird immer noch weitergebaut.

Fürchten Sie sich nicht vor den gigantischen Kränen, an denen die Säulen in die Höhe schweben. Wo sonst bietet sich

Ihnen Gelegenheit, in einer Kathedrale zu stehen, die noch kein Dach hat, und unter freiem Himmel zuzusehen, wie das Riesenwerk wächst, während vor Ihren Augen Nachfahren berühmter katalanischer Bildhauer Engelsköpfe in den Stein meißeln?

Ciutadella

Die Einwohner Barcelonas lieben den Parc de la Ciutadella nicht nur, weil er eine grüne Zuflucht vor dem Lärm und Betrieb des Stadtlebens bietet, sondern auch, weil er an Vergangenes erinnert.

Im 18. Jh. war das heutige Parkareal eine Vorstadt, La Ribera. Nach der Niederlage Barcelonas im Spanischen Erbfolgekrieg befahl der rachsüchtige Philipp V. die Schleifung des Viertels, und sämtliche Maurer und Zimmerleute der Stadt mußten hier im Frondienst eine Festung errichten. Mitte des 19. Jh. konnte das verhaßte Werk niedergerissen werden, und bezeichnenderweise legte die Stadt an seiner Stelle Grünanlagen, Seen und Spazierwege an.

Dem großen Brunnen, einem für jene Zeit typischen baulichen Exzeß, sieht man an, daß er das Gemeinschaftswerk vieler Bildhauer und Architekten ist (darunter der Student Gaudí).

Das **Museu d'Art Modern** ist in Wirklichkeit der katalanischen Kunst der letzten 100 Jahre gewidmet. Einen besonderen Platz nehmen hier die Werke solch großer Maler wie Isidre Nonell, Ramon Casas und Mariano Fortuny ein; letzterer stammte aus Gaudís

Unter einem Regenschirm am Abend...

Heimatort Reus in der Nähe von Tarragona. Beachten Sie den Reichtum der Details im Gemälde *Das Pfarrhaus* und das wandgroße Panorama der *Schlacht von Tetuán*. Fortuny erkannte offensichtlich seine

Berufung und erfüllte mit seiner Darstellung die Aufgabe, die heute den Pressefotografen zufällt.

Aussicht

Barcelonesen sind ganz wild auf Aussicht und schwindelnde Höhen.

So verbindet zum Beispiel eine mit Hilfe einer Schweizer Firma umgebaute Seilbahn Estació Funicular mit Montjuïc. Scheuen Sie sich nicht vor dem 136 m hohen Turm im Hafen, so können Sie von dort mit einer Gondelbahn *(transbordador)* nach Montjuïc fahren. Haben Sie jedoch ein empfindliches Nervensystem, so begnügen Sie sich besser mit der Zahnradbahn, die Sie auf den Tibidabo führt.

Vom Festungsdach auf dem Montjuïc (siehe S. 37) oder vom Tempel auf dem Tibidabo (siehe S. 46) aus haben Sie den schönsten Ausblick über Barcelona. Ist die Zeit knapp, fahren Sie zu einem Rundblick die Kolumbussäule im Hafen hinauf (siehe S. 37).

Im oberen Stockwerk zeigt das Museum ein Durcheinander von moderner Kunst, Plastik und Jugendstilmöbeln.

Barcelonas **Zoo** befindet sich ebenfalls im Park, und für ihn hat man eine bewundernswürdige, sehr moderne Lösung gefunden, denn alle Zäune und Gitter sind verschwunden. Gräben und kleine Seen trennen das Publikum von den in Frei-

Der Star des Zoos: Dem weißen Gorilla scheint die Gefangenschaft zu behagen.

gehegen lebenden Tieren. Sechs Abteilungen erfreuen die Besucher: afrikanische Tiere, Raubtiere, Affen, Reptilien, Vögel und Fische. Besonderer Anziehungspunkt sind die Schaustücke von Delphinen und Schwertwalen.

Pedralbes

Pedralbes ist das wohlhabendste Viertel von Barcelona, mit eleganten Wohnblöcken, Jugendstilbauten und Villen, die sich diskret hinter ornamentalen Gittern verbergen (eine dieser Einfriedungen – von Gaudí – in der Avinguda Pedralbes ist ein wahres Kunstwerk für sich).

Der **Palau de Pedralbes,** inmitten eines bezaubernden Parks, wirkt, als wäre er ständig bewohnt. Der Palast, dessen meiste Möbel und Kunstwerke Italienimporte sind, wurde in den zwanziger Jahren als Geschenk der Stadt für König Alfonso XIII. erbaut. Viel Spaß hatte der König nicht daran: 1931 mußte er abdanken.

Im Palast sind ein Kutschenmuseum und die **Colecció Cambó** untergebracht, eine prächtige Sammlung von Gemälden der größten italienischen, spanischen und holländischen Künstler, die von einem Katalanen namens Francesc Cambó zusammengetragen wurde.

Das **Monestir de Pedralbes,** eines der schönsten historischen Gebäude Barcelonas, gründete 1326 Elisenda de Montcada, die Gemahlin Königs Jaime II.; sie wurde in der gotischen Klosterkirche beigesetzt. Im Kloster leben heute noch Nonnen.

Der dreistöckige Kreuzgang ist auf allen Seiten von 25 Bogen eingerahmt und lädt mit seinen Orangenbäumen und Pappeln zum Meditieren ein. Verfehlen Sie darüber jedoch nicht die Fresken von Ferrer Bassa, dem größten katalanischen Maler des 14. Jh., die Sie in einer winzigen Kapelle finden.

Tibidabo

Für einen ersten oder letzten Blick auf Barcelona ist der Tibidabo unübertrefflich. Der 500 m hohe Berg bietet eine prachtvolle Aussicht auf Barcelona und ein Stück der Costa Dorada. Bei besonders günstiger Witterung soll man die Berge von Mallorca sehen können. Den Gipfel erreichen Sie mit dem Auto oder, abenteuerlicher, mit Zug, Straßen- und Luftseilbahn.

Auf dem Gipfel befindet sich der Templo Expiatorio del Sagrado Corazón (Herz-Jesu-Kirche), ein 1911 erbautes neugotisches Ungetüm, auf dessen höchstem Turm eine riesige Statue Christi steht.

Direkt unter der Kirche liegt ein großer Vergnügungspark mit Achterbahn, einem altmodischen Karussell und anderen Belustigungen für Kinder und unbeschwerte Erwachsene. Im **Museu d'Autòmats** (Mechanikpuppen - Museum) ist eine der wundervollsten Sammlungen dieser Spielzeuge aus dem 19. Jh. zu sehen. Im übrigen gibt es auf dem Tibidabo Hotels, Gaststätten, Sportanlagen, ein Observatorium und einen Fernsehturm.

Als scheu kann man die Tauben auf der Plaça de Catalunya kaum beschreiben.

Sitges und die Küste südlich von Barcelona

Südlich von Barcelona findet der Tourist Klippen und Buchten, vor allem aber breite Sandstrände und, hie und da, ein Fischerdorf oder ein grünes Reisfeld. Landschaftliche Reize verbinden sich hier mit kulturellen und historischen Attraktionen, und immer besteht die Möglichkeit, Wassersport zu treiben.

Verlassen Sie Barcelona in südwestlicher Richtung, müssen Sie eine Reihe von Vororten passieren, von denen man nicht recht weiß, ob sie Fabrikstädte oder Bauerndörfer sind, oder ob sie sich bloß mit halbem Herzen dem Fremdenverkehr zuwenden möchten. Für die Touristen ist das alles wenig anziehend, mit einer Ausnahme: El Prat de Llobregat und sein internationaler Flughafen.

Nach El Prat ist CASTELLDEFELS der erste Fremdenort. Hotels, Wohnblöcke, Villen liegen an dem langen Sandstrand. Die Stadt selbst ist dem Innern des Landes zugekehrt. An das 13. Jh., als das Meer wegen der Piraten noch eine Gefahr bedeutete, erinnern die Wachttürme und das mächtige Kastell, das seit der letzten Renovation aber langsam zerfällt.

In einem zweckdienlich hergerichteten Herrschaftshaus unterhalb des Schlosses befindet sich ein kleines **Museum.** In dieser Casa de Cultura sind prähistorische Werkzeuge sowie Gerätschaften der Bauern aus dem 19. Jh. ausgestellt.

Dort, wo jenseits von Castelldefels die Eisenbahn die Berge durchschneidet, windet sich die Straße immer höher, teils an steil abfallenden Klippen entlang. Unvermittelt erscheinen zwei Dörfer in kleinen Buchten: GARRAF, ein Industriestädtchen mit einigen unauffälligen Villen, und VALLCARCA, das einen eigenen Hafen für Frachtschiffe hat, aber nicht das geringste Interesse an Touristen.

Danach wird die Küste flacher, und die Szenerie ändert sich gänzlich. **Sitges,** ein international bekannter Ferienort, verbindet natürliche Schönheit mit Lebhaftigkeit und Würde.

Sitges ist einer der wenigen Küstenorte Spaniens, die sich zwar dem Tourismus erschlossen haben, denen es aber zugleich gelungen ist, ihre Identität zu wahren und architektonische Auswüchse zu vermeiden. Hier gibt es keine Hoteltürme, und dennoch ist es genügend Platz da, sowohl für die vergnügungshungrigen Touristen als auch für die wohlhabenden spanischen Familien, deren Villen sich hinter hohen Hecken verbergen. Der fast 5 km lange Sandstrand birgt selbst für Kinder keine Gefahr, was übrigens für die ganze Küste, von hier bis Tarragona und noch weiter südlich, gilt.

Die auf einem Felsvorsprung stehende Kirche wurde vom 16.

Windsurfing – nur für furchtlose Leute mit kräftigen Armen.

bis zum 18. Jh. gebaut und während des Bürgerkrieges – wie viele andere – geplündert. Sie ist zwar kein architektonisches Juwel, doch wenn sie nachts mit Scheinwerfern angestrahlt wird, hebt sie sich wirkungsvoll gegen den dunklen Himmel ab. Zwei Museen, gleich hinter der Kirche, mögen zu der Anziehung beitragen, die Sitges seit langem auf Künstler und Intellektuelle ausübt. Das **Museu Cau Ferrat** besitzt einen beeindruckenden El Greco, *Die Tränen des hl. Petrus,* und einen frühen Picasso in leuchtenden Farben, *Stierkampf.* Hier finden Sie auch zahlreiche Werke von Santiago Rusiñol (1861–1931), dem katalanischen Maler und Schriftsteller, der das Museumsgebäude der Stadt schenkte. Das **Museu Mar i Cel** (Meeres- und Himmelsmuseum) ist in einem Palast aus dem 14. Jh. untergebracht und zeigt mittelalterliche Skulpturen sowie religiöse Malerei. Das **Museu Romàntic** (Romantisches Museum) dagegen, ein paar Straßen weiter, wendet sich an Leute, die normalerweise keine Museen besuchen. Es ist ein altes aristokratisches Wohnhaus, das im Stil des 19. Jh. reich ausgestattet und voller faszinierender Gegenstände aus der Epoche – Möbel, Uhren, Spieldosen usw. – ist.

Mit seinen weißgetünchten Häusern, steilen Gassen, Gaststätten und Flamenco-Lokalen und dank seines milden Klimas zieht Sitges während vieler Monate im Jahr die Touristen an. Ein besonderes Ereignis bildet aber jedes Frühjahr das Fronleichnamsfest, wenn die Straßen ganz mit frischen Blumen ausgelegt werden. Tausende von Blüten bilden die schönsten Muster, doch nichts ist vergänglicher

Nach einem langen Tag an der Sonne entstehen unter den Palmen bereits Pläne für den Abend.

als diese Pracht, die nach einem Tag bereits verwelkt ist.

Einige Kilometer weiter südlich gelegen, hat VILANOVA I LA GELTRÚ zwar einen langen Sandstrand, aber viel weniger Fremdenverkehr als Sitges. Wie es einer Stadt von 45000 Einwohnern wohl ansteht, hat sie ein ernstzunehmendes Museum – das **Museu Balaguer** –, das hauptsächlich den katalanischen Malern des 19. Jh. gewidmet ist.

Vilanova i La Geltrú hat aber auch sein Museum »leichter Kost«, ähnlich dem Romantischen Museum in Sitges. Die **Casa Papiol,** ein Herrschaftshaus aus dem 18. Jh., beschwört mit allem Drum und Dran einen verschwundenen Lebensstil, bis hinunter zum Weinkeller, den Stallungen und den gepflegten Gartenanlagen, in denen majestätische Schwäne hofhalten und farbenprächtige Pfauen ihr Rad schlagen.

Das einzig Aufregende zwischen CUBELLES und CUNIT ist der Fluß Foix und die Grenzlinie zwischen den Provinzen Barcelona und Tarragona.

Etwas weiter südlich an der Küste liegt CALAFELL, wieder ein echtes Touristenzentrum, dessen schöner, sanft zum Meer abfallender Sandstrand sich 3 km lang ausdehnt.

Ein wenig landeinwärts von Calafell liegt EL VENDRELL, bedeutsam als Weinstadt und Einkaufszentrum. Hier wurde der Cellist Pablo Casals (1876–1973) geboren.

Der Strand von COMARRUGA ist nahezu 5 km lang. Dieser elegante Badeort verfügt über große Hotels und komfortable Villen und gilt auch als Kur- und Sportzentrum.

Die Küstenstraße, die im Sommer meist verstopft ist, folgt hier der alten Römerverbindung nach Tarragona. An diese Tatsache erinnert den Reisenden nicht weit von Comarruga, mitten zwischen den Fahrbahnen, ein Triumphbogen. Keines der häßlichen neoklassizistischen Dinger zu Ehren irgendeines Krieges, sondern ein gut 10 m hohes, schön proportioniertes Denkmal aus dem 2. Jh. v. Chr., der **Arc de Berà.** Heute führt die Straße um den Bogen herum.

TORREDEMBARRA, der nächste große Ferienort, breitet sich mit seinen neuen Hotels, Villen und Wohnhäusern immer mehr aus. Um die Erhaltung der Burganlage kümmert sich der Staat.

Die nächste Etappe geht nach ALTAFULLA, dessen Burg aus dem 11. Jh. stammen soll. Hier winken die Kinder noch fröhlich den vorbeifahrenden Fremden zu. In den mittelalterlichen Hintergassen ist es so still wie in einem Museum.

Von weitem erblickt man das Kastell TAMARIT, das über dem Meer thront, zu beiden Seiten die unvermeidlichen Badestrände mit den sich tummelnden Touristen. Das Schloß (vermutlich 11. Jh.) wirkt abweisend und uneinnehmbar. Nach umfassenden Restaurationsarbeiten ist es heute in gutem Zustand.

Schließlich bieten sich dem Reisenden, der sich Tarragona nähert, noch drei weitere historische Sehenswürdigkeiten.

El Medol, ein römischer Steinbruch, liegt unmittelbar an der *autopista* neben der letzten Tankstelle vor Tarragona. Von hier holten sich die Römer einen Teil der Steine für den Bau von Tarragona. Sie werden hier fast genau die gleiche Körnung sehen wie in den großen Blöcken der Stadtmauer.

Am Rande der alten Küstenstraße (N340) steht der sogenannte **Torre de los Escipiones** (Turm der Scipionen), ein römisches Grabmal, das vermutlich aus dem 1. Jh. stammt. Die gemeißelten Figuren zweier römischer Soldaten sind noch zu erkennen, doch die meisten anderen Einzelheiten hat die Zeit verwischt.

Rücksichtsvolle Straßenbau-Ingenieure haben etwas nördlich von Tarragona einer anderen Sehenswürdigkeit zu Ehren Parkplätze eingerichtet. **Pont del Diable** (Teufels-

Eine Erscheinung aus dem Meer: Schloß Tamarit, nahe bei Tarragona gelegen.

brücke) ist ein vollkommener, doppelgeschossiger Aquädukt aus Quadersteinen, der Tarragona mit Wasser versorgte. Kein moderner Viadukt könnte es mit diesem römischen Bauwerk an funktioneller Perfektion oder an architektonischer Eleganz aufnehmen.

Tarragona

120 000 Einwohner
(98 km von Barcelona)

Im 3. Jh. v. Chr. landeten die Römer im heutigen Tarragona und bauten einen militärischen und politischen Stützpunkt. Sie schätzten die strategisch günstige Stellung, das milde Klima und den Wein – Ihnen wird es ähnlich ergehen.

Tarraco wurde zur Hauptstadt der größten römischen Provinz Spaniens und mit seinen 30 000 Einwohnern zu einer der mächtigsten Städte der Antike, die sogar das Recht besaß, eigene Münzen zu prägen. Es ist dort so viel gebaut worden und es ist von diesen Bauten so viel übrig geblieben, daß Sie sich in Tarragona manchmal wie in einer Zeitmaschine fühlen. Sie gehen um eine Ecke und werden plötzlich vom 20. ins 15. oder gar ins 1. Jh. zurückversetzt.

Das Rathaus zum Beispiel liegt am **Plaça de la Font,** einem länglichen Platz, auf dem heute die städtischen Beamten ihre Autos parken. Früher aber befand sich genau dort der römische Zirkus aus dem 2. und 3. Jh.

Unmittelbar hinter dem Rathaus liegt die Vía de l'Imperi mit ihren geschickt nachge-

Römisches Erbe: Tarragonas Amphitheater mit Meeresblick.

ahmten, an Pompeji erinnernden Mosaiken; die römische Säule dagegen ist authentisch. Am Ende der Straße beginnt eine von Tarragonas bedeutendsten Sehenswürdigkeiten, der **Passeig Arqueològic** (Archäologische Promenade), der den Besucher der alten Stadtmauer entlangführt.

Es gibt hier gar manches,

das seine 2000 Jahre alt ist, so etwa die Fundamente der Stadtmauer, riesige, unbehauene Blöcke, von denen einige bis zu 35 t wiegen. Das rohe, unregelmäßige Mauerwerk wird oft als »zyklopisch« bezeichnet.

Neben der Mauer mit ihren Türmen und Toren, einer bedeutenden historischen und architektonischen Sehenswürdigkeit, gibt es auch prächtige Ausblicke auf das Landesinnere und das Meer. Wenn Sie aber unten am Hügel ein gut erhaltenes griechisches Theater erblicken, lassen Sie sich nicht irreführen: Es wurde nämlich erst 1970 erbaut.

Im Sommer kommt der Passeig Arqueològic, wie einige andere alte Stätten Tarragonas, abends am besten zur Geltung. Die romantische Beleuchtung macht ihn dann zum eindrucksvollen Erlebnis.

Treten Sie nun durch das letzte Tor und folgen Sie dem Passeig Torroja, der außerhalb der Mauer Richtung Meer führt. Ein kleiner Park umgibt das Creu de Sant Antoni (Kreuz des hl. Antonius), das 1604 gegenüber einem der Haupttore der Stadt errichtet wurde. Durch das Portal de Sant Antoni gelangt man in das Labyrinth des mittelalterlichen Tarragona, eine ausgesprochen mediterrane Stadt, mit Blumentöpfen, Vogelbauern und tropfender Wäsche an den Fenstern.

Wenn Sie der Versuchung widerstehen können, einfach ziellos durch das farbenfrohe Gewimmel zu schlendern, halten Sie sich immer an die Vía Granada, bis Sie zum Plaça del Rei (Königsplatz) kommen. Das **Museu Arqueològic** zeigt in modernen Ausstellungsräumen zarte Mosaiken, uralte Gebrauchsgegenstände und vorrömische, römische und spanische Münzen.

Unmittelbar daneben befindet sich das **Pretori Romà** (einst Königsschloß genannt), eine 2000 Jahre alte, stark renovierte Festung, die archäologische Funde enthält – einschließlich eines prächtig verzierten Marmorsarkophags, der aus dem Meer geborgen wurde. Die unterirdischen Durchgänge, die das Schloß mit dem Zirkus (jetzt Plaça de la Font) verbanden, sind auch heute noch begehbar. In der Antike und wiederum während des Bürgerkrieges dienten sie als Verliese.

Gehen Sie weiter Richtung Meer, so können Sie auf das

in den Hang hineingebaute römische **Amphitheater** hinunterblicken. Bei Ausgrabungen wurde hier eine frühchristliche Kirche gefunden, vermutlich einem Bischof und zwei Archidiakonen zu Ehren erbaut, die 259 den Feuertod erlitten.

Hoch über den Ruinen und der See beginnt hier der **Balcó del Maditerrani,** der Stolz Tarragonas. Dieser Spazierweg über die Klippen bietet eine unvergleichliche Aussicht auf das Meer.

Tarragonas **Rambla** führt den Hügel hinan und endet am Balcó del Maditerrani. An ihrem oberen Ende gemahnt ein Standbild an Roger de Lauria, einen italienischen Admiral im Dienste des mittelalterlichen Königreichs von Katalonien und Aragonien.

Auf zwei weitere Sehenswürdigkeiten wäre noch aufmerksam zu machen, bevor Sie sich dem mittelalterlichen Tarragona zuwenden.

Nahe beim Marktplatz und dem Postgebäude, mit Eingang an der Carrer Lleida, wurden die Überreste des römischen **Forums** entdeckt. Sie liegen, anders als die meisten Ausgrabungen aus der Antike, höher als die heutige Stadt, so daß die beiden Hälften des Forums nun durch eine die Carrer Soler überspannende Fußgängerbrücke verbunden sind. Sie können durch das Ausgrabungsgelände schlendern und sich ein Bild von der Anlage der Häuser, Geschäfte und anderem Sehenswerten machen. Obwohl dieses Freilichtmuseum mitten in der Stadt liegt, bewahrt es erhabene Stille.

Am Rande der Stadt, über dem Río Francolí, befindet sich die **Necròpoli i Museu Paleocristià** (Nekropolis und urchristliches Museum). Auf diesem riesigen Gräberfeld der frühen Christen wurde fast alles so belassen, wie man es fand – Sie sehen auf Hunderte von Gräbern und Urnen und sogar auf Gebeine hinab. Im angrenzenden Museum sind die wichtigsten Funde ausgestellt, darunter einige sehr kunstvoll verzierte Sarkophage aus dem 5. Jh.

Das mittelalterliche Tarragona

Folgen Sie, von der Rambla herkommend, der Carrer Sant Agustí, so sind Sie bald mitten in der Altstadt. Wo die Straße den Namen wechselt und zur Carrer Major wird, fühlen Sie das Pulsieren südlichen Lebens. Noch eine Ecke, und Sie stehen vor der hohen **Kathedrale,** die in der engen Gasse wie ein Bild wirkt, das in einem zu kleinen Rahmen steckt.

19 Stufen führen zum Plà de la Seu hinauf, einem kleinen, heimeligen Platz vor der Kirche. Aber übersehen Sie die letzte Querstraße vor der Kathedrale nicht, die Mercería (Kurzwarenstraße) mit ihren mittelalterlichen Säulengängen. Hier preist ein Geschäft Kanarienvögel an – ein Weibchen kostet nur halb so viel wie ein Männchen (vermutlich, weil nur die letzteren singen).

Die einengenden Haus-

Gemeißelte Grabverzierungen (gegenüber) *gehören ebenso zu Tarragona wie enge Sträßchen und die Kathedrale.*

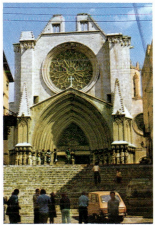

mauern und die Perspektive lassen die Kathedrale kleiner erscheinen, als sie ist. Doch ein Blick auf das gotische Portal und die Rosette darüber – eine der größten Europas – verrät Ihnen die wahren Dimensionen des Bauwerks.

Pfeile weisen Ihnen den Weg zum Eingang für Besucher, links um die Kirche herum durch den Kreuzgang. Mit dem Bau der 1331 eingeweihten Kathedrale wurde 1171 auf dem Platz begonnen, den zuvor ein Jupitertempel geziert hatte. Romanischer und gotischer Baustil vereinen sich im Inneren zu finsterer Majestät.

Der **Hauptaltar** aus Alabaster wurde im 15. Jh. vom katalanischen Meister Pere Johan mit prächtigen, lebensnahen Szenen geschmückt. Er ist der hl. Thekla, der Schutzheiligen Tarragonas, geweiht, die von Paulus selbst, als er in Tarragona predigte, zum Christentum bekehrt worden sein soll.

Rechts vom Hochaltar befindet sich das Grab von Don Juan de Aragón, einem Erzbischof von Tarragona, der 1334 im Alter von 33 Jahren starb. Das Grabmal zieren feine Skulpturen, deren Urheber leider unbekannt ist, auch wenn der Stil auf italienischen Einfluß deutet.

In den Seitenschiffen befinden sich 19 Kapellen, einige davon von unvergeßlicher Schönheit, andere von kaum zu überbietendem Kitsch. Drei dieser **Kapellen** müssen Sie sich ansehen: die Capella de Nostra Senyora de Montserrat (Kapelle Unserer Lieben Frau von Montserrat) mit ihrem Altarbild aus dem 15. Jh.; die Capella de Santa Maria dels Sastres (hl. Maria von den Schneidern) und schließlich die Capella de Santa Tecla aus dem 18. Jh.

Sollte so viel Kunst Sie etwa ermüdet haben, dann setzen Sie sich auf eine der Bänke und sehen zu, wie die Sonnenstrahlen sich im Rosettenfenster brechen.

Wenn Sie die Kathedrale verlassen, erwarten Sie im **Kreuzgang** einige Überraschungen. Er ist so groß, daß der Innenhof kaum Schatten bietet und wohl auch nicht das gleiche Gefühl von Geborgenheit und Ruhe wie andere Kreuzgänge aus dem 12. und 13. Jh. Aber niemand übersieht das als Prozession der Ratten bekannte Relief, eine wahrhaft bizarre Fabeldarstellung. Fast ebenso unerwartet scheint die in eine der Wände eingelassene moslemische Gebetsnische aus Marmor. Auf der Inschrift steht, nach dem mohammedanischen Kalender umgerechnet, das Datum 960 n.Chr. Dieser *mihrab* soll als Schlachttrophäe nach Tarragona gebracht worden sein.

Das zur Kathedrale gehörende **Museu Diocesà** birgt archäologisch interessante Reste aus prähistorischer und römischer Zeit, religiöse Gemälde aus dem Mittelalter sowie eine wertvolle Sammlung von Wandteppichen.

Tarragona am Meer

Und nun zu einem drastischen Szenenwechsel: Wenn Sie Ihre Füße schonen wollen, nehmen Sie lieber den Bus oder ein Taxi ins Hafenviertel, das sonderbarerweise **El Serrall** (Harem) genannt wird. Offensichtlich ist dies hier ein wichtiges Fischereizentrum und hat nichts mit den verschlafenen kleinen Hafenstädten gemein, die man sonst an dieser Küste findet. Nachmittags kommen die schweren Fischdampfer vom offenen Meer zurück. Dann erwarten sie am Kai große Kühlwagen und Berge von Eis. Bevor sie an Land kommen, sichten die braungebrannten Fischer ihren Fang und stärken sich mit einem letzten Schluck Rotwein aus dem *porrón*. Erst dann beginnt das zähe Feilschen mit den wartenden Großhändlern, während die Frauen der Fischer im Schatten der Sonnenschirme die riesigen Netze flicken.

Aber El Serrall hat nicht nur Atmosphäre, es ist auch bekannt für seine vorzügliche Küche. Sie können sich in einem der zahlreichen Lokale überzeugen – nirgends werden die Zutaten der auserlesenen Fischgerichte frischer sein.

Nach dem Fang überlassen die Fischer ihren Frauen das Flicken der Netze.

Südwestlich von Tarragona

Folgen Sie der Küste südlich von Tarragona noch weiter, so erreichen Sie nach etwa 10 km **Salou,** den nächsten international bekannten Ferienort. Ohne falsche Bescheidenheit nennt er sich Playa de Europa (Strand Europas). Seinen Erfolg verdankt er dem 3 km

Die Stadt Salou (sal-OH-u ausgesprochen) zeichnet sich durch guten Geschmack besonders aus: Die Architektur scheint hier ihr Maß gefunden zu haben, es gibt sehr schöne Villen und Ferienwohnblocks sowie gepflegte Gärten, ja selbst das moderne Denkmal für Jakob I., den Eroberer, fällt nicht aus dem Rahmen. Jakobs Armada, die 1229 die Mauren

langen Sandstrand mit der luxuriösen, palmenbestandenen und blumengeschmückten Promenade. Schwimmer, denen abenteuerlich zumute ist, vertauschen den Strand mit den verborgenen Buchten am felsigen Kap Salou.

Alltagsleben an der Küste: Fischer beugen sich prüfend über ihre Netze, und Hausfrauen tun energisch ihre Meinung kund (gegenüber).

aus Mallorca vertrieb, hatte den Strand von Salou als Einschiffungshafen benutzt.

VILAFORTUNY ist ein prächtig angelegter Vorort mit einem langen Strand und exklusiven Villen.

CAMBRILS, ein Anziehungspunkt für Besucher, unterbricht mit seinem geschäftigen Hafen die lange Reihe der Badestrände. Besonders interessant ist die große Flotte von *bous,* kleinen Fischerbooten, die nachts, mit überdimensionierten Laternen ausgerüstet, aufs Meer hinausfahren. Cambrils genießt aber auch den Ruf, ein Mekka der Feinschmecker zu sein. Tatsächlich kommen Liebhaber feiner Fischgerichte von weit her, um sich in einem der zahlreichen Spezialitätenrestaurants verwöhnen zu lassen.

MIAMI PLATJA hat zwar Sand und Wasser in Hülle und Fülle, ist aber nicht ganz das, was sein glanzvoller Name verspricht. In Wirklichkeit ist hier alles sehr geruhsam, mit Villen, Ferienwohnungen und kleinen Hotels. Eindrucksvoll ist jedoch die Landschaft, in der sich Hügel und Klippen bis an die Strände drängen.

Der Urlaubsort L'HOSPITALET DE L'INFANT (Hospiz des Prinzen) steht neben den Ruinen eines Pilgerhospizes (14. Jh.), das der Stadt auch ihren Namen gegeben hat.

Die Küste zwischen L'Hospitalet und L'Ametlla, dem nächsten Badeort, ist fast unberührt; die Ausnahme bildet das Atomkraftwerk Vandellós, das mit seinem titanischen, rot-weißen Hauptgebäude und seinem Spinnennetz von Starkstrom-

leitungen an die Kulissen eines Science-fiction-Films erinnert.

Das Postkarten-Fischerdorf L'AMETLLA DEL MAR bildet dazu einen um so fröhlicheren Kontrast. Auch durch die vier nahegelegenen Badestrände hat das Städtchen nichts von seinem malerischen Zauber eingebüßt. Mit seiner Mole, der Fischergilde, der Eisfabrik und seinen Cafés bleibt es ein echter Fischerhafen.

Jenseits des kleinen Hafens von L'Ampolla beginnt das bemerkenswerte **Ebrodelta.** Mit dem Schlamm, den der Ebro von Zaragoza her anschwemmt, hat er diese üppige, fast tropische Halbinsel von 250 km² geschaffen, die sich Jahr für Jahr immer mehr ausbreitet. Die ganze Gegend, deren reicher Boden große Reispflanzungen ermöglicht hat, ist so flach, daß man manchmal den Eindruck bekommt, der Wasserspiegel der Kanäle läge noch höher als die Fahrbahn. Das Delta ist ein Versammlungsort für Zugvögel, infolgedessen auch für Vogelkundler mit ihren Ferngläsern.

Amposta mit seinen 15 000 Einwohnern beherrscht das Delta. Früher erhob das Städtchen von den Schiffen, die flußaufwärts fuhren, Zölle; heute ist es als Zentrum der Sportfischerei bekannt.

Tortosa (50 000 Einwohner) weiter flußaufwärts liegt auf beiden Ufern des Ebro, weshalb es schon in der Antike ein strategisch wichtiger Ort war; Julius Cäsar verlieh der Stadt die Unabhängigkeit. Die mächtige, die Stadt überragende Festung gehörte den Mauren, die dort im Jahre 1148 lange Zeit den christlichen Streitkräften trotzten. Das Kastell San Juan trägt heute noch seinen arabischen Namen, La Zuda.

Die unter Denkmalschutz stehende **Kathedrale** Tortosas erscheint auf den ersten Blick verlassen und von der Stadt, die sie auf allen Seiten umgibt, bedrängt. Man betritt sie durch den von Pinien beschatteten Kreuzgang, um ein klassisches Beispiel katalanischer Gotik vorzufinden; erbaut wurde die Kathedrale während des 14., 15. und 16. Jh. Sehenswert sind vor allem das auf Holz gemalte Tryptichon aus dem 14. Jh. und die beiden aus Stein gemeißelten Kanzeln aus dem 15. Jh.

Aragoniens Traum aus Urzeiten, durch Schiffbarmachung des Ebro einen Zugang zum Meer zu erhalten, starb schon vor 50 Jahren. Doch noch heute scheint der Fluß hier die ganze fruchtbare Erde Spaniens ins Mittelmeer hinausschleppen zu wollen – jedenfalls kein Wasser, in dem man gerne baden möchte.

S<small>ANT</small> C<small>ARLES DE LA</small> R<small>ÁPITA</small> (10 000 Einwohner) ist die letzte erwähnenswerte Stadt an der Costa Dorada, denn nicht viel weiter beginnt schon, jenseits der Provinzgrenze, die Costa del Azahar. Ein riesiger Naturhafen, durch künstliche Molen noch vergrößert, beherbergt die gutgehende Fischereiflotte sowie einige Schiffswerften. Einmalig und bemerkenswert aber ist Sant Carles wegen seines riesigen **Hauptplatzes.**

Dieser Platz ist so groß und die Stadt selbst so klein, daß es einfach zuwenig Geschäfte und Büros gibt, um ihn einzurahmen; deshalb sind viele der Gebäude, die ihn umsäumen, einfach Wohnhäuser. Der exzentrische Karl III. wollte einst aus Sant Carles einen Hafen von internationaler Bedeutung machen. Mit dem König wurde 1788 auch sein großartiges Projekt begraben, doch sein Vermächtnis, die riesige trübsinnige Plaza, ist geblieben. Die Hauptstraße nach Valencia führt dessenungeachtet mitten durch den Platz.

Das ungleiche Bild der Costa Dorada: Die Fischerflotte hält den Hafen von Cambrils besetzt, während Touristen sich im Wasser tummeln.

Ausflüge
ins Landesinnere

 Montserrat
(62 km von Barcelona)

Jahrhunderte lang mußten die Pilger auf beschwerlichem Wege die bizarren Felsformationen hinaufklettern, um das Kloster Montserrat zu erreichen. Heute haben Touristenbusse und Drahtseilbahn die Esel ersetzt, so daß jährlich etwa 1 Million Besucher die Fahrt auf den »zersägten« Berg unternehmen. Die Statistik unterscheidet zwar nicht zwischen Pilgern und Schaulustigen, es darf jedoch als sicher gelten, daß ein Besuch des Klosters für die einen wie die anderen ein erhebendes Erlebnis bildet.

Geographisch und religiös ist Montserrat das Herz Kataloniens, denn das alte Benediktinerkloster beherbergt die Schutzpatronin der Katalanen, eine aus dem 12. Jh. stammende, bemalte Holzstatue der Jungfrau Maria, **La Moreneta** (die kleine Dunkelfarbene). Achten Sie auf die lange, schmale und spitze Nase – die gleiche Nase sehen Sie bei der Hälfte aller anwesenden Gesichter, sie ist ganz und gar katalanisch.

Die dunkelbraune Madonna wird hier so hingebungsvoll verehrt, daß man eine Viertelstunde anstehen muß, um einen Blick auf sie zu erhaschen. Das Bildnis steht über dem Hochaltar der Basilika in einer Nische und wird durch Glas geschützt. Für die ausgestreckte Rechte jedoch ist eine runde Öffnung in das Glas geschnitten, damit die Gläubigen die Hand berühren oder küssen können. Es ist durchaus möglich, daß Sie in der pompösen Basilika zusammen mit tausend anderen Touristen Zeuge einer der zahlreichen stattfindenden Hochzeiten werden, denn die jungen Katalanen holen sich noch gerne den Segen der Moreneta.

Von Barcelona und den wichtigsten Fremdenorten der Costa Dorada aus werden regelmäßig Ganz- und Halbtagesausflüge nach Montserrat veranstaltet.

Ein Höhepunkt jedes Besuches in Montserrat ist der Chor. Die jungen Sänger der Escolanía, der vielleicht ältesten Musikschule Europas, singen mittags zur Messe. Kein Lob des Gesangs dieser Engelsstimmen ist zu überschwenglich.

Die Führung durch das Kloster konzentriert sich auf das **Museum** mit seinen künstlerisch und historisch wertvollen Stücken. Verschiedene Säle enthalten mehrere tausend Jahre alte Funde aus Mesopotamien, Ägypten und Palästina. Es sind auch Kelche und Reliquiare sowie eine Anzahl bemerkenswerter Gemälde zu sehen, so das *Bildnis des hl. Hieronymus* von Caravaggio.

Die Mönche treten kaum in Erscheinung, sie sind mit Gebet, Meditation und Studium beschäftigt (die Bibliothek besitzt 200 000 Bände). Außerdem betreiben sie eine Töpferei, eine Goldschmiedewerkstatt und eine Buchdruckerei und stellen einen schmackhaften Kräuterlikör her, den *Aromas de Montserrat*.

In der Touristenbar kann man, nebst anderen Erfrischungen, für ein paar Peseten auch diesen Likör kosten. Dies ist nur eine von vielen, erstaunlich weltlichen Einrichtungen. In Montserrat gibt es ein Hotel, einen Frisiersalon, ein Selbstbedienungsrestaurant und einen Souvenir-Supermarkt. Verständlich, daß die geschäftstüchtige Atmosphäre manche Pilger peinlich berührt.

Setzen Sie sich in die Basilika und hören Sie der Hymne von Montserrat, *Virolai*, zu. Wenn dann die anwesenden Katalanen in den Gesang des

Das im Fels nistende Kloster Montserrat gilt als Symbol des Katalanentums.

Knabenchors einstimmen, werden Sie die jahrhundertealte Verbundenheit des Landes mit Montserrat begreifen.

Poblet
(132 km von Barcelona)

Denken Sie nicht, ein Kloster gleiche sowieso dem anderen, und Sie brauchten sich jetzt nichts mehr anzuschauen. In dem mittelalterlichen Wehrkloster Poblet, 45 km nordwestlich von Tarragona, gibt es, im Gegensatz zu Montserrat, nur wenige Touristen. Das Kloster liegt auf einer weiten, offenen Hochebene, inmitten fruchtbarer Felder. Und während das 1811 fast gänzlich zerstörte Montserrat architektonisch wenig interessant wiederaufgebaut wurde, hat man die 1835 geplünderten und niedergebrannten Gebäude Poblets liebevoll restauriert. Sie sind von hohem architektonischem Wert und zugleich von großer Schönheit.

Das mächtige Zisterzienserkloster wurde vor über 800 Jahren von dem Grafen von Barcelona, Ramón Berenguer IV., zum Dank für die gelungene Vertreibung der Mauren aus Katalonien gestiftet. Die königlichen Verbindungen brachten Poblet Ruhm, Glück und historische Bedeutung. Die

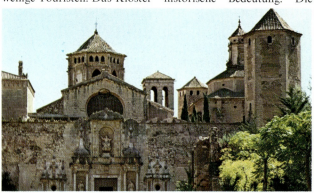

Klosterkirche, groß wie eine Kathedrale, beherbergt die **Sarkophage** der Könige von Aragonien. Im eigenen Gewölbe sind bestattet: Jaime I., el Conquistador (der Eroberer), Pedro el Ceremonioso (der Prächtige), Juan I. und seine beiden Gemahlinnen sowie Alfonso el Casto (der Keusche). Da von den Bildwerken nur Fragmente erhalten blieben, bewundert man heute geschickt ausgeführte Reproduktionen. Der **Alabasteraltar** hingegen ist ein Werk des Bildhauers Damia Forment aus dem 16. Jh. Touristen können unter Führung die historisch wichtigsten Stätten des Klosters besichtigen.

Der **Kreuzgang** umschließt einen Hof mit Rosensträu-

Der gotische Kreuzgang des Klosters von Poblet strahlt Ruhe aus.

chern und vier melancholischen Pappeln. Hier können Sie die Genügsamkeit und abgeklärte Ruhe erleben, die das mönchische Leben erfüllt. Nur das Rieseln des Brunnens und das Gezwitscher einiger Vögel unterbricht die klösterliche Stille.

Santes Creus
(98 km von Barcelona)

Etwa 40 km von Poblet – die Route führt über Valls (siehe S. 68) – liegt ein weiteres großes Zisterzienserkloster, inmitten von Weinbergen. Santes Creus stammt aus der Mitte des 12. Jh. Das Kloster dient heute nur noch als Museum, was den Vorteil hat, daß Sie es ganz besichtigen können, von den Schlafsälen bis zur Küche.

Der **Kreuzgang,** eines der allerersten Zeugnisse katalanischer Gotik, stammt aus dem frühen 14. Jh. Beachten Sie die Steinmetzarbeiten an den Bogen und an einigen ungewöhnlichen Wandstellen – Wappenmuster, Tiere und einige Fratzen.

Die im Jahr 1174 begonnene **Kirche** wirkt mächtig und streng. Die Könige von Aragonien und Katalonien zählten zu den Gönnern von Santes Creus, und hier, gegenüber dem Chor, sind zwei von ihnen bestattet worden. Peter III., der Große (Pedro el Grande), liegt in einem hohen gotischen Tabernakel begraben. Der Leichnam ruht in einer von vier Löwen getragenen römischen Badewanne aus dunklem, rötlichem Stein, unter einem kunstvoll verzierten Deckel aus Alabaster.

Nebst einigen weniger prächtigen Grabstätten deutet auch der sogenannte »Königliche Palast« auf die Verbindung mit der Königsfamilie. Dieser Bau umschließt einen vollendeten Patio aus dem 14. Jh. mit eleganten Bogengängen und einem bemerkenswert gemeißelten Treppenaufgang.

Castellers *bei ihrer atemberaubenden Millimeterarbeit.*

Valls
(105 km von Barcelona)

Diese geschäftige Provinzstadt (15 000 Einwohner) ist in ganz Katalonien berühmt, weil hier nicht nur die höchsten menschlichen Pyramiden entstehen, sondern auch die schmackhaftesten Zwiebeln angebaut werden.

Die *castellers* (siehe S. 71) von Valls – als *Xiquets* (SCHIkets) bekannt – genießen unter der Bevölkerung die größte Hochachtung: Keine andere Gruppe Kataloniens hat jemals solche menschliche »Wolkenkratzer« zustande gebracht.

Und was die Zwiebeln *(calçots)* angeht, so werden sie, noch ganz jung, langsam gar gekocht und dann mit einer besonderen Tunke zu gegrillten Würstchen oder Lammfleisch gegessen. Sommertouristen gehen dieses Genusses allerdings verlustig.

Dafür erwartet sie in der ersten Hälfte des Monats August *Firagost*, wenn die Bauern aus der ganzen Gegend Früchte und Blumen nach Valls bringen und die reiche Ernte mit Volkstänzen, Feuerwerk und – natürlich – Vorstellungen der *Xiquets* gefeiert wird.

Vilafranca del Penedés
(54 km von Barcelona)

Im Jahr 1217 kam das katalanische Parlament – die Cortes Catalanes – zum erstenmal zusammen. Ort des Treffens war Vilafranca del Penedés, auf einem fruchtbaren Hochplateau zwischen Barcelona und Tarragona. Seither hat sich die Bevölkerung verzehnfacht, und die Stadt zählt etwa 20 000 Einwohner. Aber dieser Zuwachs ist kaum der Grund dafür, daß dieser Ort heute so berühmt ist. Für Tausende von Touristen, die in Bus und Auto anreisen, ist Vilafranca die Stadt des Weins. Tatsächlich befindet sich hier Spaniens eindrücklichstes **Weinmuseum.**

Man braucht kein Weinkenner, nicht einmal Weintrinker zu sein, um sich von dem, was hier gezeigt wird, faszinieren zu lassen. Dreidimensionale Dioramen führen die jahrhundertealten Traditionen, die Arbeiten und Feste der Weinbauern vor. Man kann Keltern besichtigen, in denen vor 2000 Jahren die Trauben gepreßt wurden. Dann gibt es eine Ausstellung von Gläsern, Flaschen und Krügen und sogar eine der Rebe und den Genüssen, die wir ihr verdanken, gewidmete Kunstgalerie.

Das **Museu Municipal** (Städtisches Museum) von Vilafranca zeichnet sich seinerseits durch eine geologische Ausstellung und historische Fundgegenstände aus. Es ist, ebenso wie das Weinmuseum, in einem ehemaligen Palast der Grafen von Barcelona und der Könige von Aragonien untergebracht.

Vilafranca del Penedés hat noch eine weitere Leidenschaft: Die einheimischen *castellers* begeistern die Bürger derart, daß 1963 zu ihren Ehren ein Denkmal errichtet wurde, das auf der Plaça Jaume I. steht, eine moderne Interpretation eines fünfstöckigen *pilar*.

Verschiedene Weinproduzenten der Umgebung laden Sie zum Besuch ihrer Kellereien ein, wo Sie nicht nur den Herstellungsprozeß verfolgen können, sondern selbstverständlich auch das Produkt zu kosten bekommen.

Andorra
(220 km von Barcelona)

An der ganzen Costa Dorada werden von einschlägigen Firmen strapaziöse Tagesausflüge nach Andorra angeboten. Eine Anreise von über 200 km läßt dem Touristen wenig Zeit, sich in dem von 3000 m hohen Pyrenäengipfeln umgebenen Kleinstaat (465 km²), der nur im Süden, nach Spanien, geöffnet ist, umzusehen. Hauptzweck des Ausflugs ist denn auch das Einkaufen. Da es in Andorra keine Warensteuern gibt, überraschen fast alle Preise angenehm. 700 Jahre lang hat das winzige Land seine Unabhängigkeit verbissen verteidigt, doch die Touristen nehmen sich kaum Zeit für einen Blick auf die eindrucksvolle Landschaft und stürzen sich in die mit preisgünstigen Waren vollgestopften Geschäfte von Carrer Meritxell.

Andorra ist das einzige Land, in dem Katalanisch die offizielle Landessprache ist. Spanisch und Französisch versteht hier fast jeder, aber auch Deutsch und Englisch sind in den Geschäften sehr nützlich.

Gönnen Sie sich trotz Einkaufsrausch einen kleinen Spaziergang durch ANDORRA LA VELLA, die Hauptstadt, in welcher der größte Teil der Andorraner wohnt. Besuchen Sie die Casa dels Valls, ein Gebäude aus dem 16. Jh., in dem das Parlament und der Gerichtshof des Landes tagen. Als Staatsarchiv dient eine Truhe mit sechs Schlössern, deren Schlüssel in den sechs Gemeinden liegen.

Flagge und Wappen verkünden die Unabhängigkeit des Pyrenäen-Kleinstaates Andorra.

Was unternehmen wir heute?

Folklore

Die majestätische *sardana*, der Nationaltanz Kataloniens, verbindet die Katalanen in einer ungewöhnlichen Zuneigung und Sympathie. Die Musik wirkt wohl etwas grell, und das während 10 Minuten erbarmungslos wiederholte, ewig gleiche Thema mag Ihre Geduld auf die Probe stellen. Die Tänzer jedoch nehmen die Angelegenheit sehr ernst. Sie fassen sich bei den Händen – jung und alt, Freunde und Fremde – und bewegen sich in einer Art altertümlichen Reigens. Ernsthafte Sardana-Tänzer ziehen die leichten *alpargatas* (Tanzschuhe) an, doch eigentlich kann jeder mitmachen. Die Musikinstrumente, mit denen die anmutigen, recht schwierigen Bewegungen begleitet werden, sind eine Art Oboe und eine kleine Flöte und Trommel – die beide vom selben Musikanten gespielt werden, je mit einer Hand.

Ein Tanz für Spezialisten ist der *Ball dels Bastons* (Stocktanz), der Höhepunkt vieler *fiestas* ist. Kostümierte, durchtrainierte junge Männer oder Burschen führen diesen an den Fechtkampf erinnernden, nicht ungefährlichen Tanz vor.

Die *castellers* sind die Männer und Knaben, die einander mit dem Geschick von Zirkusartisten auf die Schultern klettern und menschliche Pyramiden bilden. Dazu braucht es nicht nur großes Können, sondern auch äußerstes Vertrauen zueinander, denn eine einzige falsche Bewegung kann den ganzen Menschenturm zu Fall bringen.

Die *castellers* klettern immer mit bloßen Füßen. Gehätschelter Publikumsliebling ist der kleine Junge, manchmal knappe sechs Jahre alt, der behende wie ein Affe auf die Spitze der Pyramide klettert. Hat er sie erreicht, so macht der *enxaneta* (Wetterhahn) mit einer Hand das Siegeszeichen, die Menge applaudiert, und die Pyramide löst sich im Nu von oben nach unten wieder auf.

Bei religiösen Umzügen und anderen Festlichkeiten werden häufig riesige Puppen *(gegants* und *cabezudos)* durch die Straßen getragen. Die geübten (für die Zuschauer versteckten) Trägergruppen führen mit den schwankenden, überdimensionierten Figuren bizarre Tänze auf. Teil mancher Feste bilden die Gruppen, die mitten durch die Menge ziehen und ständig

Ein umfangreicheres Orchester spielt zur sardana *auf.*

ohrenbetäubende Knallfrösche loslassen. Niemand findet es seltsam, wenn dem ganzen Spektakel eine Prozession kleiner Mädchen und alter Frauen mit brennenden Kerzen und Kirchenfahnen folgt. Der rasche Stimmungswechsel mag auch Sie anstecken.

Stierkampf

Es gibt nichts, was spanischer wäre – und für den Nicht-Spanier schwerer zu verstehen – als die *corrida de toros,* der Stierkampf. Zugegeben, nicht jeder Spanier ist Anhänger dieses blutigen Schauspiels, dennoch spielt die *fiesta brava* eine wichtige Rolle im spanischen Leben.

Man muß vorausschicken, daß der Stierkampf nicht als Sport gilt. Denn Sport ist ja ein Kampf ebenbürtiger Gegner, und beim Stierkampf ist der Stier von vornherein im Nachteil. Die *corrida* ist eigentlich die rituelle Vorbereitung des Stiers auf den Tod – doch auch der Matador (kämpft er zu Fuß, heißt er *torero,* zu Pferd, dann *rejoneador*) riskiert bei jedem Auftritt sein Leben. Im ersten *tercio* (Drittel) des Kampfes wird der in die Arena stürmende Bulle von Gehilfen umhergejagt und vom Matador mit Hilfe der gelb-roten *capa* ermüdet.

Im zweiten *tercio* bohrt der berittene *picador* seine Lanze wiederholt in die Schultermuskeln des Stiers, und die flinken *banderilleros* stoßen dem Tier mit Widerhaken versehene, etwa 70 cm lange *banderillas* in den Nacken.

Schließlich kehrt der Matador in die Arena zurück und reizt nun den vom Blutverlust geschwächten Stier nochmals – jetzt mit der ovalen, scharlachroten *muleta* –, bis das Tier für den Todesstoß bereit ist, den ihm der Matador blitzschnell mit dem Degen erteilt.

Abscheu, Verwirrung, Faszination sind mögliche Reaktionen auf ein Schauspiel, das unverhüllte Gewalttätigkeit mit (in den Augen der *aficionados*) seltsamer Schönheit paart. Und vielleicht werden Sie nach einem Nachmittag in der *plaza de toros* sogar verstehen, warum dieser Totentanz in Spanien als Kunstform gilt.

Flamenco

Flamenco, das sind rhythmische Gitarren, stampfende Füße und leidenschaftliche Lieder, von denen manche an klagende arabische Melodien erinnern – ein Hinweis auf die mögliche Herkunft des Flamencos. An der ganzen Küste sind Flamenco-Darbietungen eine beliebte Attraktion.

Der Stier bricht in die Knie, die corrida *ist beendet.*

Die Gesänge zerfallen in zwei Hauptgruppen: *cante chico,* lebhaftere, leichtherzige Lieder, und *cante jondo,* schwermütige, eindringliche Weisen, die von Liebe, Leid und Tod künden. Dieser »echte« Flamenco wird allein und ohne Begleitung dargeboten, impulsiv, ganz aus dem Augenblick heraus.

Im Nachtklub, dem *tablao flamenco,* werden Ihnen die fröhlicheren, weniger dramatischen Vorträge des *cante chico* dargeboten. Aber auch sie sind voller Farbe und Leidenschaft und mögen ein Gefühl von dem vermitteln, was echter Flamenco ist: eine Schöne im Rüschenkleid, rasche Bewegungen, im Kontratakt klatschende Hände, das lachende Gesicht einer Tänzerin, die ihren dunklen, arroganten Partner herauszufordern scheint.

Einkaufsbummel

Öffnungszeiten der Geschäfte
In den Küstenorten sind die meisten Geschäfte von 9 bis 14 Uhr und wieder von 16 bis 20 oder 22 Uhr geöffnet.

Die großen Warenhäuser von Barcelona machen eine bemerkenswerte Ausnahme: Sie sind auch während der Siesta offen.

Bars und Cafés bleiben im allgemeinen von 8 Uhr morgens bis Mitternacht oder gar später durchgehend geöffnet.

Was ist günstig?
Die katalanische Keramik bietet sowohl sehr Einfaches als auch Phantasievolles, doch originell ist sie fast immer. Wohlgeformte Gefäße in heiteren Farben erinnern an skandinavisches Design. Dekorative Kacheln sind manchmal künstlerisch oder auch mit katalanischen Sprüchen bemalt.

Eine rührige Heimindustrie an der Küste stellt Lederwaren her, vor allem Handtaschen und Kleidungsstücke. Qualität und Stil sind zwar sehr unterschiedlich, doch wenn Sie sich Zeit nehmen, können Sie gute und preiswerte Stücke finden.

Schuhe kosten in Spanien oft weniger als anderswo, sind

aber nicht besonders gut gearbeitet; erstklassige modische Schuhe und Stiefel sind genauso teuer wie in Düsseldorf oder Zürich.

Stickereien, Spitzen und Webarbeiten – wie Teppiche und billige Bettüberwürfe – werden in Dörfern an der Küste nach alten Mustern und Verfahren angefertigt. Achten Sie auf die Gruppen strickender Frauen, die sich im Schatten aufhalten; ihre Erzeugnisse werden häufig am Ort selbst in den Geschäften verkauft.

Beim Schmuck, der nach einfachen modernen oder nach traditionellen Entwürfen mit viel Gold- und Silberfiligran hergestellt wird, bieten sich Kennern Möglichkeiten zu guten Käufen.

Für kleinere Geldbeutel gibt es Platten mit katalanischer Musik – *sardanas* oder Chöre –, die Sie immer an Ihren spanischen Urlaub erinnern werden.

Auch einheimische Glaswaren haben einen eigenen Reiz, so die *porróns*, aus denen man den Wein in hohem Bogen in den Mund strömen läßt – die aber auch zuhause das Regal zieren können.

Vielleicht gefallen Ihnen die geschnitzten Kerzenhalter aus Holz, deren Muster von Ort zu Ort variieren. Es gibt auch etwas angeberische Miniaturmodelle der Erfindungen Leonardo da Vincis aus Holz.

Spirituosen und Tabak sind in Spanien unglaublich billig. Viele berühmte ausländische Getränkemarken – in Katalonien in Lizenz hergestellt – kosten einen Bruchteil des Preises, mit dem Sie zuhause rechnen müssen. Als Mitbringsel sind die ortsüblichen Liköre jedoch besonders beliebt.

Souvenirs

Falls Sie »traditionellen« Andenken den Vorzug geben, fehlt es bestimmt nicht an Läden, in denen Sie Matador-Degen aus Toledo, im maurischen Stil eingelegte Schachspiele, Imitationen antiker Pistolen, Stierkampfplakate (mit oder ohne Ihrem Namen als Star-Matador), Don-Quijote-Statuetten oder allerlei schmiedeeiserne Gegenstände bekommen. Auch die charakteristische *bota,* die lederne Weinflasche, finden Sie überall (heute aber oft mit Plastik gefüttert, was dem Geschmack kaum zugute kommt).

Antiquitäten

Gute Stücke zu interessanten Preisen werden Sie in den

Fremdenorten selten finden. Aber auch ein rostiger Schlüssel oder ein Bügeleisen aus »vorelektrischen« Zeiten kann seinen Reiz haben.

Die zahlreichen Antiquitätenläden in Barcelonas Altstadt rund um die Kathedrale bieten eine reiche Auswahl. Man muß jedoch wissen, daß die Grenze zwischen alt und neu, echt und unecht manchmal recht verschwommen ist.

Einkaufstips
Barcelona hat zwar eine Vielfalt eleganter und guter Geschäfte, diese sind jedoch über die ganze Stadt verteilt. Sie müssen kilometerweit gehen, wenn Sie Qualität und Preise wirklich vergleichen wollen.

Die Preise in den Fremdenorten sind fast immer höher als in den großen Städten oder im Landesinnern. Besuchen Sie stets mehrere Geschäfte, bevor Sie sich entscheiden, denn die Preise schwanken oft sehr stark.

Die Hinweise auf *rebajas* (katalanisch *rebaixes*), also auf einen Ausverkauf, sollten Sie zur Vorsicht veranlassen. Auch in Katalonien finden eigentliche Ausverkäufe nämlich erst am Saisonende statt.

Touristenrabatte
Als Ausländer wird Ihnen die Mehrwertsteuer (spanisch »IVA«) zurückerstattet, wenn Sie das entsprechende Formular ausfüllen und drei Kopien davon an der Grenze zusammen mit der Ware vorweisen. Nach Erhalt des vom Zollbeamten visierten Formulars wird der Verkäufer den Betrag an Sie überweisen.

Museen

Allein Barcelona zählt ihrer mehr als 40. Darum erwähnt die folgende Liste nur die allerwichtigsten Museen an der Costa Dorada.

In der Regel sind die Museen von Dienstag bis Samstag von 10 bis 13.30 oder 14 Uhr und von 18 bis 20 Uhr sowie sonntags von 10 bis 14 Uhr geöffnet. Montags und an bestimmten Feiertagen bleiben die Museen geschlossen.

Barcelona

Museu Arqueològic. Kunstgegenstände und Ausgrabungsfunde aus Barcelona und verschiedenen Gegenden Spaniens sind hier ausgestellt – prähistorische Werkzeuge, karthagische Halsketten, römische Mosaiken (Carrer de Lleida, am Fuß des Montjuïc; siehe auch S. 35).

Museu d'Art de Catalunya. Sie sehen hervorragend geordnete und präsentierte religiöse Kunst des Mittelalters. Eine Sehenswürdigkeit ersten Ranges, die Sie nicht versäumen dürfen (Palacio Nacional, Montjuïc; siehe S. 35).

Museu de Cera (Wachsfigurenkabinett). 300 wächserne Persönlichkeiten aus Geschichte, Gegenwart und Dichtung sind hier zu besichtigen (Rambla).

Colecció Cambó. Gemälde von Raffael, Tizian, Goya, El Greco, Rubens und van Dyck, ausgestellt in einem eleganten Palast (Palau de Pedralbes; siehe auch S. 46).

Museu Picasso. Von der frühen Skizze bis zum reifen Spätwerk können Sie das

Mittelalterliche Sakralkunst in Barcelona. Gegenüber: Antiquitäten und originelle Töpferwaren sind beliebte Souvenirs.

Schaffen des Spaniers in drei noblen Palästen der Altstadt verfolgen (Carrer de Montcada, 15; siehe S. 40–41).

Museu de l'Indumentaria (Kostümmuseum). An über 4000 Kleidungsstücken wird die Entwicklung der Mode vom 16. Jh. bis zur Gegenwart gezeigt (Carrer de Montcada, 12).

Museu d'Art Modern. Gemälde katalanischer Künstler des 19. und 20. Jh. (im Parc de la Ciutadella; siehe auch S. 44–45).

Museu Marítim. Die mittelalterliche Schiffswerft (Reials Drassanes) birgt jetzt Schiffsmodelle aller Größen; dazu zählt auch die Nachbildung von Kolumbus' Flaggschiff *Santa María* im Hafen (siehe S. 37).

Centre d'Estudis d'Art Contemporani; Joan-Miró-Stiftung. Moderne Malerei und Skulpturen in Galerien und Gärten des Parc de Montjuïc; siehe S. 35–36.

Fundació Joan Miró (Miro-Stiftung). Gemälde und Skulpturen – hauptsächlich von Miró –, ausgestellt in prächtigen Galerien und Gärten im Parc de Montjuïc (siehe S. 36).

Museu Frederic Marés. Umfangreiche Sammlung alter religiöser Bildhauerkunst; gleich neben der Kathedrale, an der Carrer Comtes.

Palau de Pedralbes. Der königliche Palast aus den 20er Jahren, erbaut für Alfonso XIII.; siehe auch S. 46.

Poble Espanyol (Spanisches Dorf). Lehrreiches Musterdorf mit Bauwerken aus ganz Spanien (Montjuïc).

Museu Militar. In einer Festung aus dem 18. Jh. präsentieren sich militärische Souvenirs (Montjuïc).

Museu d'Historia de la Ciutat (Museum der Stadtgeschichte). Zufällig über der ergiebigsten Ausgrabungsstätte an der Plaça del Rei errichtet; siehe S. 26.

Museu del Monestir de Pedralbes. Hauptanziehungspunkt sind die Wandgemälde von Ferrer Bassa aus dem 14. Jh. (Kloster Pedralbes; siehe auch S. 46).

Tarragona

Museu Arqueològic. Statuen, Mosaiken und Münzen aus der römischen Epoche Tarragonas. Das angrenzende **Pretori Romà** zeigt ebenfalls Gegenstände aus der Antike.

Necròpoli i Museu Paleocristià (Nekropolis und urchristliches Museum). Die ersten Christen in Tarragona wurden stilvoll beerdigt.

Passeig Arqueològic (Archäologische Promenade). Stadtmauern und Wachtürme können Sie hier inmitten gepflegter Gärten besichtigen.

Unterhaltung für Kinder

Zoo von Barcelona. Es gibt wohl keinen zweiten so angenehmen und lehrreichen Zoo.

Poble Espanyol, Barcelona (siehe auch S. 78). Ihre Kinder können Holzschnitzern und Glasbläsern bei der Arbeit zusehen.

Bootsfahrten. In Barcelona können Sie z.B. eine Hafen-

Mit einem Eselritt kommen Sie bei Ihren Kindern sicher an – selbst der Esel freut sich.

rundfahrt in einer Barkasse machen, um das rege Treiben aus der Nähe zu beobachten. Auch finden regelmäßig Tagesausflüge mit Bus und Schiff an die Costa Brava statt.

Vergnügungsparks. Barcelona bietet deren gleich zwei, auf dem Montjuïc und dem Tibidabo. Darin gibt es viel Lärm und Spaß sowie eine tolle Aussicht auf die Stadt.

Güell Park. Gaudís Possen und ausgefallene Ideen, vor allem seine optischen Illusionen, bezaubern jedes Kind. Eintritt frei.

Marinemuseum in Barcelona. Die Geschichte der Schiffahrt von der römischen Galeere bis zum Atomschiff.

Nachbildung der Santa María. Kolumbus' Flaggschiff, naturgetreu bis ins letzte Detail, ankert im Hafen und steht tagsüber Besuchern offen.

Esel-Safari. Reisebüros organisieren Ausflüge »hoch zu Esel«.

Tartana-Ausflüge. Ausfahrten aufs Land hinaus mit Pferdedroschken werden ebenfalls von Reisebüros organisiert.

Unblutige Stierkämpfe. Die Zuschauer können mit den Jungstieren »kämpfen«.

Safari. Halbtagesausflüge mit dem Bus nach Rioleón Safari, wo wilde Tiere frei leben; bei El Vendrell (Tarragona).

Feiertage

Religiöse und andere Feste sind so häufig, daß jeder Feriengast damit rechnen kann, eine *fiesta* zu erleben

Die einfachsten Vergnügen sind zuweilen die besten.

Februar

L'Ametlla de Mar — *Festes de la Candelària.* Religiöser Umzug, Regatta.

Vilanova i La Geltrú — *Festes de »Les Comparses«.* Viel Folklore und Bonbon-Schlacht (ca. 40 t Bonbons werden verzehrt).

März oder April

Montserrat
Poblet — *Setmana Santa* (Heilige Woche). Umzüge und andere Bräuche in allen Städten.

April

Barcelona — *Diada de Sant Jordi.* St.-Georgs-Tag, fällt mit Cervantes-Tag, einer Buchmesse, zusammen; auch Tag der Liebenden. Die Stadt ist besonders bunt und fröhlich.

Mai

Badalona — *Festes de Primavera i Sant Anastasi.* Frühlingsfest und St.-Anastasius-Tag. Rosenausstellung.

Calella — *Festes de Primavera.* Frühlingsfest. Volkstanz-Wettbewerb. Oldtimer-Schau, Blaskapellen.

Mai oder Juni

Sitges — *Festa del Corpus Christi* (Fronleichnam). Blumenbedeckte Straßen, Musik, Tanz, Feuerwerk.

Juni

Calella — *»Aplec« de Sardanas.* Kataloniens wichtigstes Volkstanz-Festival.

Juli

Arenys de Mar — *Festa major de Sant Zenón.* Festlichkeiten zu Wasser und zu Lande. Folklore.

August

Valls — *Festes del Firagost* (Mariä Himmelfahrt). Erntedankfest, Folklore, religiöser Umzug.

Vilafranca del Penedés — *Festa major de Sant Fèlix, màrtir.* Religiöser Umzug. Folklore, besonders *castellers*.

September

Tarragona — *Festes de Santa Tecla.* Religiöse Feierlichkeiten und folkloristische Darbietungen.

Barcelona — *Festes de la Mercè.* Theater, Musik.

Oktober

Sitges — *Festa de la Varema* (Winzerfest). Weinproben, Tanz.

Nachtleben

Barcelona vergnügt sich, und das gilt auch für die großen Fremdenorte. Überall an der Costa Dorada finden Sie Bars, Diskotheken und Nachtlokale. Erschöpfung ist wirklich die einzige Erklärung für einen in der Hotelhalle vor dem Fernsehapparat verbrachten Abend.

Die Ausflüge nach Barcelona an Samstagabenden gelten vor allem den beleuchteten Fontänen von Montjuïc und den *tablaos,* den kleinen Flamenco-Lokalen, in denen Ihnen Gitarristen, Sänger und Tänzer meist den *cante chico,* seltener den *cante jondo* vorführen. Obwohl der Flamenco nur im Süden Spaniens seine Höchstform erreicht, können sich die Darbietungen in Barcelona durchaus sehen lassen.

Eine andere organisierte Tour führt durch die bekanntesten Nachtlokale der Stadt. Im Pauschalpreis sind normalerweise das Abendessen und eine gewisse Ration an Getränken inbegriffen.

Abendliche *barbacoas* (Grillparties) auf dem Lande sind bei Touristen ebenfalls sehr beliebt. In Bussen werden Sie vom Ferienort an eine Stelle gebracht, wo eine Menge Es-

sen, Wein und Musik auf Sie wartet.

Sowohl die großen als auch die kleinen Küstenstädte haben alle ihre Diskotheken und Flamenco-Darbietungen. Bei schönem Wetter entflieht man dem verrauchten Lokal ins Freie und tanzt unter dem romantischen Nachthimmel.

Konzert, Oper, Ballett

Barcelonas Musikliebhaber werden von eigenen und fremden Orchestern oder Chören ständig verwöhnt.

Das Gran Teatre del Liceu soll bei der Eröffnung 1857 als schönstes Opernhaus der Welt gegolten haben. Jahr für Jahr treten dort zwischen November und Mai berühmte Opernensembles und Balletttruppen auf. Die meisten Plätze sind schon im Abonnement vergeben, und so ist es nicht leicht, sich zu einzelnen Vorstellungen Zutritt zu verschaffen.

Im Palau de la Música Catalana, einem Jugendstilgebäude, finden ebenfalls bedeutende Konzerte statt.

Die nächtliche Costa Dorada: Bars, Diskotheken, Cafés und Restaurants.

Die düstere Església de Santa Maria del Mar aus dem 14. Jh. bildet den etwas ausgefallenen Rahmen für Solovorträge und Jazz-Konzerte.

Die Katalanen haben eine tiefe Beziehung zur Musik, und Konzerte und Chorabende gibt es jederzeit auch in den kleinsten Städtchen und Dörfern.

Theater und Kino

Das volle Dutzend Theater in Barcelona scheint sich auf Musicals und derbe Komödien spezialisiert zu haben, obwohl sich hie und da auch richtige Theaterstücke – auf spanisch oder katalanisch – in das Programm einschleichen.

Fast alle kommerziellen Filme werden in spanischer Synchronisation gezeigt. Die Preise sind unterschiedlich, je nach Kino und Erfolg des Films.

Fiestas

Die sehr zahlreichen Dorffeste sind ein betörendes Durcheinander von Musik, Volkstänzen und Feuerwerk – wobei mit letzterem nicht immer sorgfältig umgegangen wird.

Tafelfreuden

In Barcelona und an der Costa Dorada könnten Sie sich ohne weiteres zwei Wochen lang »international« ernähren, womit Sie eine der größten Touristen-»Sünden« begehen würden. Versuchen Sie also unbedingt die regional sehr verschiedene spanische Küche.

Die andalusische *gazpacho*, eine eisgekühlte Suppe aus gehackten Tomaten, grünen Paprikaschoten, Gurken und Zwiebeln, das Ganze mit Öl und Essig angemacht, ist das bevorzugte Gericht mancher Besucher.

Die klassische *paella* hat ihren Ursprung in Valencia, weiter südlich an der Küste. Ihren Namen verdankt sie der schwarzen Eisenpfanne, in der der Safranreis gekocht wird. Der Koch fügt die weiteren Zutaten nach eigenem Belieben bei: Kalmare, Garnelen, Muscheln, verschiedene Fischsorten oder auch Huhn, Kaninchen- oder Schweinefleisch und Würste, Zwiebeln, Bohnen, Paprikaschoten, Tomaten, Knoblauch und Erbsen. *Paella* wird meist zum Mittagessen serviert und auch nur auf Bestellung zubereitet, was etwa eine halbe Stunde in Anspruch nimmt. Manche Spanier betrachten das Gericht als Vorspeise, für andere ist es eine vollwertige Mahlzeit.

Katalanische Küche

Esqueixada (es-kei-scha-da, Betonung auf »scha«) ist ein prickelnder Salat aus Kabeljau, Bohnen, eingemachten Zwiebeln und Tomaten.

Xató (scha-to, zweite Silbe betont) *de Sitges* ist ebenfalls ein Salat, aber mit mehr Zutaten: Thunfisch, Sardellen oder Kabeljau und einer scharfen Soße aus Olivenöl, Essig, roten Paprikaschoten, gehackten Sardellen, Knoblauch und gemahlenen Mandeln.

Pa amb tomàquet – riesige Schnitten mit Knoblauch, Öl und Tomaten bestrichenen und gegrillten Bauernbrotes – paßt zu jedem Salat.

Escudella, eigentlich ein Wintergericht, ist eine kräftige Fleischbrühe, in der Bohnen, Teigwaren, Wurst und ein Stück Hackbraten schwimmen.

Butifarra ist eine der vielen in Katalonien so beliebten Würste. Besonders berühmt sind die Würste aus Vic.

Rovellons sind riesige Pilze, die an der Costa Dorada als Zeichen des Herbstbeginns gelten. Sie werden mit Knoblauch und Petersilie gekocht und können auch mit Wurst zusammen gegessen werden.

Pollo al ast heißt das gewürzte, meist im Freien am Spieß gebratene Huhn; der feine Duft soll die Passanten ins Restaurant locken.

Riz parellada wird jeder Feinschmecker-Gaumen begrüßen. Eigentlich ist es eine raffiniertere Form der *paella*: alle Schalen, Gräten und kleinen Knochen sind bereits entfernt worden – Sie können sich also ganz dem Genuß hingeben.

Selbstverständlich ist Fisch für die Katalanen ein wichtiges Nahrungsmittel. Meist ißt man ihn gebraten, mit Salat

Gerade eingetroffen – wenn das keine Versuchung ist!

und Kartoffeln. In den eleganten Restaurants wird man Ihnen anspruchsvollere Gerichte mit feinen Soßen servieren. Doch ob in den einfachen oder den eleganten Gaststätten, immer ist der Fisch erstklassig.

Eines der beliebtesten und echtesten Barceloneser Hauptgerichte heißt *zarzuela de mariscos* – das »Singspiel der Meeresfrüchte«, bei dem alle edlen Darsteller des Meeres nacheinander ihren Auftritt haben.

Romesco ist die rote Fischsoße aus Tarragona, die man in anderen Städten der Costa Dorada neidvoll nachahmt. Zu gebratenen Meeresfrüchten und Fisch paßt sie hervorragend. Die Zutaten für diese Soße dürften vor allem aus Olivenöl, roten Paprikaschoten, Knoblauch, Brotkrumen und gemahlenen Mandeln bestehen.

Eine total verrückt klingende und doch fabelhafte katalanische Spezialität ist *llagost amb pollastre*, Languste mit Huhn – und einer Schokoladensoße!

Calçotada ist ein wirklich bäuerliches Gericht aus Valls – zarte, junge Zwiebeln zusammen mit Gemüse und Fleisch. Entsprechend gewürzt steht die *calçotada* im Ruf, das unwiderstehlichste Gericht ganz Kataloniens zu sein.

Weitere Köstlichkeiten katalanischer Kochkunst sind: *suquet de paix* (Fischeintopf), *anec ambperes* (Ente) in einer *picada* (Mandelsoße) und *porc amb ceps* (Schweinshaxen). Dies sind nur einige Gaumenfreuden, die Sie sich nicht entgehen lassen sollten.

Und zum Nachtisch fehlt es nicht an typischen Desserts, wie z.B. der *crema catalana*, einem Pudding aus Eiern, Zukker, Milch, Zimt und mit Karamelzucker überzogen.

Frühstück

In Spanien ist das Frühstück eine unbedeutende Mahlzeit, die lediglich dazu dient, jemanden bis zum späten und reichhaltigen Mittagessen am Leben zu erhalten. An der Costa Dorada etwa erhalten Sie eine Tasse Kaffee und ein Stück Frühstücksgebäck. Der Morgenkaffee *(café con leche)* besteht aus Kaffee und heißer Milch – halb und halb. Die meisten Hotels machen heutzutage jedoch ein Zugeständnis an die Touristen und servieren ein *desayuno completo* mit Orangensaft, Ei, Toast und Kaffee.

Zwei Sorten Frühstücksgebäck sollten Sie einmal kosten: *ensaimadas* sind große, luftige, mit Zucker bestreute Schnekken, eigentlich eine Spezialität der Balearen; die *churros,* in heißem Öl gebackene, längliche Krapfen, die oft vor Ihren Augen frisch zubereitet werden, müssen Sie in Ihren Kaffee tauchen, wenn Sie nicht auffallen wollen. (*Churros* mit heißer Schokolade werden von den Spaniern als Zwischenverpflegung sehr geschätzt.)

Restaurants
Vor allem in Barcelona gibt es zahlreiche ausgezeichnete Restaurants, in denen Sie die Spezialitäten der verschiedenen Provinzen Spaniens ausprobieren können.

Offizielles Gütezeichen spanischer Restaurants sind nicht Sterne, sondern Gabeln. Die Rangordnung geht von einer bis zu fünf Gabeln, die allerdings mehr ein Hinweis auf den Komfort des Lokals darstellen als auf die Qualität des Essens. Fünf Gabeln garantieren Ihnen höhere Preise, aber nicht unbedingt eine bessere Küche.

Die spanischen Restaurants bieten gewöhnlich ein *plato del dia* (Tagesgedeck) zu einem festen Preis an. Dies besteht meist aus drei Gängen mit Brot und Wein. Dieses Tagesgericht ist nicht immer zu empfehlen, denn oft kostet es mehr als die einzelnen Speisen zusammengerechnet. Andererseits wird das *plato* in einfachen Gaststätten und auf dem Lande von den Stammgästen oft bevorzugt und ist auch billig.

Im allgemeinen ist im Menüpreis alles inbegriffen, auch

»*Sturm und Drang*« *zur Mittagszeit in einer Küche in Barcelona.*

die Bedienung; ein Trinkgeld von 10–15% ist jedoch üblich.

Die Mahlzeiten werden hier später eingenommen als im übrigen Europa. Im Restaurant wird das Mittagessen von 13 bis 15.30 Uhr, das Abendessen von 20.30 bis 23 Uhr serviert. Hotels berücksichtigen ihrerseits meist die Gewohnheiten der Gäste und servieren entsprechend früher.

Ein Spartip: Bestellen Sie im Restaurant immer *vino de la casa* (den offenen Hauswein); er ist meist recht gut und kostet nur halb soviel wie ein Flaschenwein.

Bars und Cafés

Die Straßencafés sind, wie überall am Mittelmeer, auch aus dieser Gegend nicht wegzudenken. Eine Tasse Kaffee verschafft Ihnen zugleich einen Beobachtungsposten für das Geschehen im Freien.

Bar- und Café-Rechnungen sind zwar immer inklusive Bedienung, doch kleine Trinkgelder sind üblich. An den Tischen sind die Preise meist 10–15% höher als an der Bar.

Bodega ist die Bezeichnung für Weinkeller. Viele Bars für Touristen versuchen, mit Fässern und Tonnen die Atmosphäre nachzuahmen.

Merenderos heißen die Strandrestaurants, in denen es einfache, aber schmackhafte Gerichte gibt.

Tapas

Als *tapas* bezeichnet der Spanier kleine, mundgerechte Portionen Fleisch, Fisch, Oliven, Krebstiere oder was auch immer... Tapa heißt wörtlich Deckel. Die Bezeichnung rührt von der alten Sitte her, zum Wein immer – kostenlos – einen Appetithappen auf einem Tellerchen zu servieren, das wie ein Deckel auf das Weinglas gesetzt wurde. Leider hat sich die Sitte ein wenig gewandelt, denn heute muß man für die *tapa* zahlen. In manchen Lokalen – *tascas* – ist die Auswahl so reichhaltig, daß man damit eine Mahlzeit ersetzen kann.

In diesem Zusammenhang müssen Sie wissen, daß *una porción* eine Portion ist, die man leicht bewältigt, *una ración* ein vollbeladener Teller mit »von jedem etwas« und *una media-ración* die Hälfte davon ist. Für eine Mahlzeit aus *tapas* können Sie mehr ausgeben als für ein gutes Abendessen.

Weine und Spirituosen

Beide Provinzen der Costa Dorada – Barcelona und Tarragona – stellen einen guten, bekömmlichen Wein her.

Der *Priorato* ist als Rotwein ein Begriff. Tarragona ist für seine Rosé- und Weißweine bekannt. Der Penedés kann rot oder weiß sein. In Sitges wird ein süßer Wein, der Malvasier, hergestellt. Und aus dem Gebiet um Penedés kommt der meistverkaufte Sekt der Welt, den die Spanier *cava* nennen.

Bemühen Sie sich nicht allzusehr, Ihre Kennerschaft zu beweisen und dem Kellner mit der Bestellung einer besonderen Marke, die Sie kennen, zu imponieren. Der Durchschnittsspanier setzt sich zu Tisch und verlangt einfach *vino,* was meistens Rotwein bedeutet. Dieser Wein des Hauses, häufig gekühlt serviert, paßt zu fast allen Gerichten.

Es gilt nicht als unfein, den Wein zu verdünnen, besonders an einem heißen Tag. Wenn Sie *gaseosa,* eine billige kohlensäurehaltige Limonade beimischen, bekommen Sie eine einfache Nachahmung von *sangría.* (Echte *sangría* allerdings ist eine Mischung aus Rotwein, Zitronen- und Orangensaft, Weinbrand, Mineralwasser und Obstwürfeln, ähnlich wie Bowle – im Sommer sehr beliebt.)

Ist Ihnen jedoch nicht nach Wein zumute, so dürfen Sie ohne weiteres Bier, Limonade oder Mineralwasser bestellen. Sie werden keine Verachtung ernten.

Die Straßencafés bieten gleichzeitig Erfrischung und einen Beobachtungsposten.

Möglicherweise ist Ihnen der spanische Weinbrand im Vergleich zu französischem Cognac zu schwer oder zu süß. Er ist aber billiger – oft nicht teurer als ein Mineralwasser.

Noch ein Wort zu den Preisen: Wenn Sie darauf bestehen, importierten Whisky zu trinken, werden Sie dafür eine Menge bezahlen müssen. Es sind jedoch sehr viele bekannte Alkoholmarken erhältlich, die unter Lizenz in Spanien hergestellt werden und ganz erschwinglich sind.

Auch *horchata de chufa* ist unbedingt noch zu erwähnen ein nichtalkoholisches, sehr spanisches und erfrischendes Getränk, das vermutlich von den Mauren ins Land gebracht wurde. Man stellt es aus einer runzligen kleinen Nuß her, die ähnlich schmeckt wie Mandeln.

Horchaterías, Bars, die auf das im Namen anklingende beliebte Kaltgetränk spezialisiert sind, verfügen oft über eine Terrasse und verkaufen auch alle Sorten von Speiseeis.

Lernen Sie auf spanisch bestellen...

Könnten wir einen Tisch haben? **¿Nos puede dar una mesa?**
Haben Sie ein Tagesgedeck? **¿Tiene un menú del día?**

Ich hätte gern... **Quisiera...**

Besteck	**cubiertos**	Reis	**arroz**
Bier	**cerveza**	Salat	**ensalada**
Brot	**pan**	Sandwich	**bocadillo**
Fisch	**pescado**	Serviette	**servilleta**
Fleisch	**carne**	Speiseeis	**helado**
Früchte	**fruta**	Speisekarte	**carta**
Glas	**vaso**	Suppe	**sopa**
Kaffee	**café**	Tee	**té**
Kartoffeln	**patatas**	Wasser (eisgekühlt)	**agua (fresca)**
Milch	**leche**		
Mineralwasser	**agua mineral**	Wein	**vino**
Nachtisch	**postre**	Zucker	**azúcar**

... und die Speisekarte lesen

aceitunas	Oliven	helado	Speiseeis
ajo	Knoblauch	higos	Feigen
albaricoques	Aprikosen	huevo	Ei
albóndigas	Fleischklößchen	jamón	Schinken
almejas	Muscheln	judías	Bohnen
anchoas	Anschovis	langosta	Languste
anguila	Aal	langostino	Langustine
arroz	Reis	lenguado	Seezunge
asado	Braten	limón	Zitrone
atún	Thunfisch	lomo	Lende
bacalao	Kabeljau	manzana	Apfel
besugo	Meerbrasse	mariscos	Schaltiere
bistec	Beefsteak	mejillones	Miesmuscheln
boquerones	Sardellen		
caballa	Makrele	melocotón	Pfirsich
calamares (a la romana)	Kalmaren (in schwimmendem Fett gebraten)	merluza	Seehecht
		naranja	Apfelsine
		ostras	Austern
		pastel	Kuchen
callos	Kutteln	pescado	Fisch
cangrejo	Krabbe	pescadilla	Weißfisch
caracoles	Schnecken	pez espada	Schwertfisch
cebollas	Zwiebeln	pimiento	Paprikaschote
cerdo	Schweinefleisch	piña	Ananas
cordero	Lamm	plátano	Banane
champiñones	Pilze	pollo	Huhn
chorizo	stark gewürzte Schweinswurst	postre	Nachtisch
		pulpitos	Tintenfischchen
chuleta	Kotelett		
dorada	Goldbrasse	queso	Käse
ensalada	Salat	salchichón	Salamiwurst
entremeses	Vorspeisen	salmonete	Rotbarbe
estofado	Schmorgericht	salsa	Soße
filete	Filet	sandía	Wassermelone
flan	Karamelpudding		
frambuesas	Himbeeren	sopa	Suppe
fresas	Erdbeeren	ternera	Kalbfleisch
frito	gebraten	tortilla	Omelett
galletas	Kekse	trucha	Forelle
gambas	Garnelen	uvas	Weintrauben
guisantes	Erbsen	verduras	Gemüse

Sport und Erholung

An einsamen Stellen gibt es oft keinerlei Bequemlichkeit, in den bekannten Orten dafür Getränkebars, Duschen und Umkleidekabinen.

Liegestühle und Sonnenschirme können praktisch überall gemietet werden. Eine Luftmatratze *(colchoneta)* hingegen sollten Sie lieber gleich mitbringen oder an Ort und Stelle kaufen.

Die weiten Sandstrände der Costa Dorada machen sie zum idealen Ferienort für alle, die gerne Wassersport treiben, und dank dem milden Klima ist die Saison für Landsportarten sehr lang. Sollte es tatsächlich einmal regnen, so können Sie zum Tischtennis Zuflucht nehmen oder den Basken bei der *pelota* zusehen. Einige Preisbeispiele finden Sie auf S. 101.

Am Strand

Fast überall an der Küste finden Sie feinen goldenen Sand und Strände vor, die sanft zum Meer hin abfallen. Nordöstlich von Barcelona ist der Meeresstrand steiler, und Sie müssen sich vor Strömungen hüten. Mit wenigen Ausnahmen gibt es keine Strandwacht, doch haben viele Fremdenorte an den wichtigsten Stränden Erste-Hilfe-Stationen eingerichtet.

Segeln und Bootssport

Wenn Sie Ihr eigenes Boot mitbringen, können Sie es in den folgenden Häfen ins Wasser setzen: Arenys de Mar, Barcelona, Garraf, Vilanova i La Geltrú, Torredembarra, Tarragona, Salou, Cambrils und Sant Carles de la Rápita.

Haben Sie Ihr Boot zu Hause gelassen, so gibt es eine ganze Reihe von Orten, in denen Sie ein Segelboot mieten können. Meist hängt die Möglichkeit von den örtlichen Verhältnissen (Strand und Meer) ab. Windsurfen haben Sie an vielen Orten der Costa Dorada. Sie können Unterricht nehmen und sich die nötige Ausrüstung mieten. Vereinbaren Sie vorher den Mietpreis.

Weniger Sportliche ent-

Die einen im Badeanzug, die anderen als kühne Fallschirmspringer »vermummt«.

Wenn Sie vorhaben, viel zu segeln, sollten Sie versuchen, irgendwie einen Pauschalpreis auszuhandeln.

Gute Gelegenheiten zum scheiden sich wohl für *patines,* ein Tretboot für zwei, das zwar nicht gerade schnittig ist, mit dem Sie jedoch der Menge entfliehen können.

Wasserskifahren

Seit der Treibstoff teurer geworden ist, gehört dieser Sport in die Luxusklasse.

In manchen Orten wird eine aufregende Variante angeboten: Wasserskifliegen – allerdings nichts für Leute mit schwachen Nerven.

Angeln einmal anders…

Angeln

In allen Fremdenorten können Sie billige Angelruten und -schnüre kaufen.

Das Hochseefischen ist nicht ganz einfach. Wenn Sie eine Gruppe zusammenbringen, gelingt es Ihnen vielleicht, ein Boot zu mieten; die Ausrüstung kann allerdings nicht gemietet werden.

Für Auskünfte und Angelscheine wenden Sie sich an das regionale Büro des Instituto Nacional para la Conservación de la Naturaleza (ICONA):

Barcelona: Carrer Sabino de Arana, 22.
Tarragona: Catalunya, 22-E.

Unterwasserjagd

Sie benötigen eine Genehmigung, um diesem immer populärer werdenden Hobby nachzugehen. Wenden Sie sich an die örtliche Comandancia de Marina. Schnorchel, Maske und gewöhnliche Harpune sind zugelassen, während die Jagd mit Sauerstoffgerät und Harpunengewehr strikte verboten ist. Und vergessen Sie nicht, falls Sie auf historische Funde stoßen, daß Sie diese nicht berühren dürfen.

Golf

Es gibt an der Costa Dorada einige Golfplätze, die das ganze Jahr geöffnet sind:
- Real Club de Golf El Prat, in El Prat de Llobregat (in der Nähe des Flughafens von Barcelona). 27 Löcher.
- Club de Golf de Sant Cugat, bei Sant Cugat del Vallés. 18 Löcher.
- Club de Golf Terramar, Sitges. 9 Löcher.

Die Spielgebühren sind unterschiedlich, je nach Klub und Jahreszeit. Es besteht die Möglichkeit, stundenweise Unterricht zu nehmen.

Golfen in einer paradiesischen Landschaft...

Reiten

Der von einem Reisebüro organisierte Ausflug zu einer Ranch, mit etwa 2½ Stunden reiten und einem einfachen Essen, ist kein alltägliches Vergnügen. Es ist aber auch möglich, ein Pferd stundenweise zu mieten.

Jagd

Im südlichen Teil Kataloniens finden Jäger zwei sehr interessante Reviere: das Ebrodelta und die felsigen Gebirge westlich von Tortosa.

Im Ebrodelta wimmelt die sumpfige Halbinsel gegenüber

Ein Hund namens Cobi begrüßt die Besucher der Olympiade

Sein Name ist Cobi und entgegen dem ersten Anschein ist er von der Art der Schäferhunde wie sie in den Pyrenäen in Gos d'Altura vorkommen. Das COOB, das Organisationskomitee Barcelonas für die Olympischen Spiele, hat ihn zum Maskottchen erkoren, um den immer wiederkehrenden Disneyfiguren etwas Neues entgegenzusetzen.

Das olympische Emblem, das auch Cobi auf der Brust trägt, besteht aus drei Pinselstrichen (blau für das Meer, gelb für die Sonne und rot für die Erde) in den kräftigen Farben eines Miro-Gemäldes. Die drei Striche bilden eine springende Figur, die einladend die Arme ausstreckt und über die olympischen Ringe und den Schriftzug »Barcelona '92« springt.

Drei große Luxushotels wurden als Hauptquartier des Organisationskomitees, des nationalen und des internationalen Sportverbands gewählt und schon reserviert.

Amposta von Wasservögeln. Das Delta – in dem die Jagdzeit im Oktober beginnt und bis Mitte März dauert – erhebt Anspruch auf den Titel eines der besten Wasservogel-Jagdreviere Europas. Den Jagdschein erhalten Sie beim Instituto Nacional para la Conservación de la Naturaleza (ICONA), Avda. de Catalunya, 22-E, Tarragona.

Dasselbe ICONA-Amt gibt Ihnen auch über das Jagdgebiet an den Pässen von Tortosa und Beceite Auskunft. In diesem Revier finden sich noch spanische Bergziegen, eine Seltenheit, weshalb die Jagd unter strenger Kontrolle steht.

Tennis und Squash

Öffentliche Tennisplätze gibt es in Pedralbes im Can Caralleu Sportzentrum, wo Sie auch Frei- und Hallenbäder finden. Die Plätze sind von 8.00 Uhr bis 11.00 Uhr geöffnet. Informationen erhalten Sie unter der Telefonnummer 203 78 74. Möglicherweise ist auch Ihr Hotel in der Lage, Sie in einen privaten Barceloneser Tennisclub einzuführen. Squash wird angeboten bei Squash Barcelona, Av. Dr. del Marañón 17, Tel. 334 02 58.

Skilaufen

Diese Sportart wird zunehmend beliebter. Jedes Jahr werden neue Skigebiete in den Pyrenäen erschlossen, von denen die meisten von Barcelona aus in wenigen Stunden zu erreichen sind: Núria auf 1936 m, La Molina, deren Abfahrten bis zu 2537 m hinaufgehen und Vallter mit 12 Abfahrten und einer Gipfelstation auf 2500 m. Informationen über die Straßen- und Pistenzustände gibt es bei der Associació Catalana d'Estacions d'Esquí, Tel. (93) 238 31 35.

Etwas ganz Neues bekommen Sie zu sehen, wenn Sie im *frontón* beim baskischen *pelota*-Spiel *(jaialai* auf baskisch) zuschauen. Die Spielregeln werden Sie bald verstehen, während das Wettsystem unverständlich bleiben dürfte: Schreiend und gestikulierend verständigen sich die blaubejackten Buchmacher mit ihren Kunden, denen sie Zettel in

Zuschauersport

Der beliebteste Zuschauersport in Barcelona ist der Fußball, und wer Fußball sagt, meint Barça. Barcelonas Spitzenclub verfügt über ein Stadion mit 120 000 Plätzen – Camp No im Universitätsviertel. Die Spielzeiten entnehmen Sie am besten der Tagespresse.

alten Tennisbällen zuwerfen. Sogar der Schiedsrichter soll hin und wieder einen diskreten Einsatz wagen. Die unermüdlichen Spieler fangen den sehr harten Ball mit einer Art länglichen, aus Stroh geflochtenen Kelle *(cesta)* auf und schleudern ihn mit aller Kraft an die Wand zurück. Ein nicht ganz ungefährlicher Sport!

BERLITZ-INFO

Reiseweg

Wo auch immer Sie wohnen, wann und wie Sie reisen möchten, nach Barcelona und an die Costa Dorada gelangen Sie zu jeder Jahreszeit ohne Schwierigkeit. Falls Sie nicht gern auf eigene Faust dorthin fahren, sollten Sie sich besonders für die Hauptferienzeit rechtzeitig bei einem Reisebüro erkundigen. Prüfen Sie vor allem die Sonderangebote verschiedener Reiseveranstalter.

MIT DEM FLUGZEUG

Ab Frankfurt, Zürich und Genf erreichen Sie Barcelona täglich ohne Zwischenlandung. Von Wien und weiteren internationalen Flughäfen gelangen Sie ebenfalls mehrmals wöchentlich direkt oder mit Zwischenlandung in die Hauptstadt Kataloniens.

Einzelflugreisen mit freier Wahl von Ab- und Rückflugdatum, Aufenthaltsdauer und Unterkunft sind die von der IATA genehmigten IT (Inclusive Tours), Flüge, die preislich zwischen Charter- und Linienflügen liegen. Sie bieten zudem größere Unabhängigkeit. Erkundigen Sie sich nach weiteren Ermäßigungen im Linienflugverkehr.

Preisgünstige Charterflüge bietet heute jedes Touristikunternehmen an. Beachten Sie aber, daß Sie bei Gruppenreisen den Termin für Hin- und Rückflug nicht selbst bestimmen können und den Flug meist lange Zeit im voraus buchen müssen.

Günstig sind auch die Fly-and-drive-Angebote von Fluggesellschaften; diese Spezialtarife gelten jeweils für wenigstens zwei Personen, die eine Woche, höchstens 30 Tage lang ihr Urlaubsziel in dem Wagen erleben möchten, der sie bereits bei der Ankunft am Flughafen erwartet.

Barcelona ist auf dem Luftweg mit allen großen Städten in Spanien und auch mit den hauptsächlichen Ferienzentren verbunden.

MIT AUTO ODER BUS

Nach Barcelona und an die Costa Dorada fahren Bundesbürger, Österreicher und Schweizer meist im eigenen Wagen, mitunter auch im Bus mit einer Gruppenreise. Der schnellste Weg nach Spanien führt über Lyon in Frankreich nach Valence, Nîmes, Montpellier, Narbonne und Perpignan und hinunter nach Süden bis Le Perthus/La Junquera an der französisch-spanischen Grenze (alles Autobahn).

Bis Barcelona sind es auf den kürzesten Strecken ab Hamburg rund 1800 km, ab Frankfurt am Main 1300 km, ab München 1400 km, ab Wien 1900 km und ab Zürich 1100 km. Die Autobahnen in der Schweiz (an der Grenze zu erstehende *Vignette*), in Frankreich und Spanien sind gebührenpflichtig.

Urlauber, die die lange Anfahrt scheuen, am Ziel jedoch nicht auf ihren Wagen verzichten möchten, erkundigen sich am besten an einem größeren Bahnhof nach Autoreisezügen.

Große Busunternehmen haben sich auf internationaler Ebene zusammengeschlossen und lassen ihre Wagen regelmäßig und das ganze Jahr über von mehreren Großstädten im deutschsprachigen Raum bis Spanien rollen. Mit dem Europabus gelangt man bis Torremolinos.

MIT DEM ZUG

Wenn Sie mit der Eisenbahn bis Spanien fahren, buchen Sie unbedingt einen Platz in einem Liege- oder Schlafwagen. Die Anreise in diesem Verkehrsmittel ist verhältnismäßig teuer und auch zeitraubend. Das spanische Schienennetz hat nämlich eine unterschiedliche Spurweite; deshalb muß man fast immer an der Grenze den Zug wechseln. Die Fahrt von Hamburg bis Barcelona dauert beinahe 24 Stunden.

In Katalonien selbst verkehren die Züge der »Ferrocarriles Catalans« und der staatlichen spanischen Eisenbahngesellschaft RENFE; letztere gibt für ausländische Besucher zu einem erschwinglichen Preis eine *Touristenkarte* heraus, mit der man während 8, 15 oder 22 Tagen in der 1. oder 2. Klasse unbeschränkt durchs Land fahren kann. Die *Inter-Rail-* und *Rail Europ Senior*-Karten sind in Spanien ebenfalls gültig.

Reisezeit

Sonnenfreunde können sich rund sechs Monate im Jahr an den Stränden der Costa Dorada tummeln; in der übrigen Zeit bietet das milde Klima aber immer noch eine angenehme Abwechslung für Besucher aus Europas Norden.

Die nachstehende Tabelle ist spezifisch für Barcelona, wo es dunstiger als in Tarragona und den dazwischenliegenden Strandregionen ist.

	J	F	M	A	M	J	J	A	S	O	N	D
Lufttemperatur Mittleres tägliches Maximum*	13	14	16	18	21	25	28	28	25	21	16	13
Mittleres tägliches Minimum*	6	7	9	11	14	18	21	21	19	15	11	8
Wassertemperatur Mittel	13	13	13	14	16	20	22	23	22	20	16	14

* Die Niedrigstwerte wurden kurz vor Sonnenaufgang, die Höchstwerte am Nachmittag ermittelt.

Mit soviel müssen Sie rechnen

Damit Sie einen Eindruck davon erhalten, mit wieviel Sie zu rechnen haben, geben wir hier einige Richtpreise in Pesetas (Ptas.) an. Beachten Sie, daß zu vielen Preisen noch die Mehrwertsteuer (IVA) von 6–12% hinzukommt.

Autovermietung (Internationale Firma). *Seat Marbella* Ptas. 2800 pro Tag, Ptas. 24 pro km, Ptas. 36 400 pro Woche. *Ford Escort* Ptas. 4900 pro Tag, Ptas. 35 pro km, Ptas. 56 000 pro Woche. *Renault 21* Ptas. 8100 pro Tag, Ptas. 58 pro km, Ptas. 98 700 pro Woche (Wochentarife mit unbeschränkter km-Zahl). Diese Preise enthalten unbeschränkte Haftpflicht-, Feuer- und Diebstahlversicherung.

Essen und Trinken. Frühstück Ptas. 500–1000, Menu (drei Gänge) Ptas. 600–1500 (Wein inbegriffen), Mittagessen/Abendessen (in einem guten Restaurant) Ptas. 2000–4000, Kaffee Ptas. 90 (mit Milch Ptas. 125), Spanischer Weinbrand Ptas. 300, Bier Ptas. 100.

Flughafenverbindung. Ptas. 150 mit dem Zug.

Hotels. ***** Ptas. 22 500–41 000, **** Ptas. 15 000–20 000, *** Ptas. 9000–12 000, ** Ptas. 6000, * Ptas. 4000 für Doppelzimmer. IVA-Zuschlag: 12% für die Luxusklasse, 6% für die übrigen.

Lebensmittel. Brot (½ kg) Ptas. 80, 250 g Butter Ptas. 250, zwölf Eier Ptas. 200, 1 kg Kalbfleisch Ptas. 1300–1800, 250 g Kaffee Ptas. 225, 1 l Fruchtsaft Ptas. 155, 1 l Milch Ptas. 110, Flasche Wein Ptas. 200 und mehr.

Metro (oder Bus). Ptas. 65 (Ptas. 70 an Sonn- und Feiertagen und an Wochentagen nach 22 Uhr).

Taxi. Grundgebühr Ptas. 225 für die ersten 2 km oder die ersten 6 Minuten, wochentags zwischen 6 Uhr und 22 Uhr Ptas. 55 pro km in der Stadt – zwischen 22 Uhr und 6 Uhr, samstags, sonn- und feiertags Ptas. 75 pro km; außerhalb der Stadt betragen die entsprechenden Preise Ptas. 75 und Ptas. 85 pro km und Ptas. 50 pro Gepäckstück. Es wird ein Zuschlag von Ptas. 175 für den Flughafen (An- und Abflug) sowie von Ptas. 55 für den Bahnhof Sants verlangt.

Unterhaltung. Kino Ptas. 500 und Ptas. 300 am Mittwoch in manchen Kinos. Theater Ptas. 700–2200 mit speziellen Preisen für die Wochenmitte. Nachtclub mit Flamenco Ptas. 2000–2500 (ein Getränk inbegriffen), Ptas. 400–4600 mit Abendessen. Diskothek Ptas. 600–1500 (ein Getränk inbegriffen). Museen Ptas. 50–400. Pueblo Espanol Ptas 350, Kinder von 7 bis 14 Jahren Ptas. 175.

Praktische Hinweise von A bis Z

> Ein Stern (*) hinter einem Stichwort weist darauf hin, daß diesbezügliche Preise auf Seite 101 zu finden sind.
> Die spanische Übersetzung der Stichwörter (meist in der Einzahl) und die Redewendungen werden Ihnen nützlich sein, wenn Sie jemanden um Auskunft oder Hilfe bitten möchten.

A

ANHALTER *(auto-stop)*. Trampen ist in Spanien überall erlaubt.

| Können Sie uns bis… mitnehmen? | **¿Puede llevarnos a…?** |

ÄRZTLICHE HILFE *(asistencia médica)*. Siehe auch NOTFÄLLE. In den Fremdenverkehrsgebieten und den größeren Städten gibt es bei der ärztlichen Versorgung keine Probleme. Krankenhäuser und Privatkliniken finden Sie selbstverständlich in Barcelona und Tarragona, aber auch in den wichtigeren Ferienorten an der Küste.

Für kleinere Behandlungen wenden Sie sich am besten an die *practicantes* der örtlichen Unfallstation *(casa de socorro)*. Schnelle Hilfe vermitteln Ihnen der Hotelempfang oder der nächste Polizeiposten.

Die Apotheken *(farmacias)* sind während der üblichen Geschäftszeiten geöffnet. In größeren Orten gibt es immer eine Dienstapotheke *(farmacia de guardia)*, deren Name und Adresse bei allen anderen Apotheken angeschlagen sind.

Erkundigen Sie sich vor der Abfahrt am besten bei Ihrer Versicherung, welche Regelungen im Bezug auf Spanien gelten bzw. inwieweit Ihre Versicherung die Kosten für eine eventuell nötige ärztliche Behandlung deckt.

Damit Sie Ihre Ferien möglichst ganz ohne Beschwerden verbringen, sollten Sie – vor allem in den ersten Ferientagen – die spanische Sonne, die guten ölreichen Mahlzeiten und die preisgünstigen alkoholischen

Getränke mit Maß genießen und beim Sonnenbaden oder unmittelbar danach keine eisgekühlten Getränke zu sich nehmen.

ein Arzt	**un doctor**
ein Zahnarzt	**un dentista**
ein Krankenwagen	**una ambulancia**
Krankenhaus	**hospital**
Magenbeschwerden	**molestias de estómago**
Sonnenstich	**una insolación**

AUTOFAHREN IN SPANIEN

Für die **Einreise** sind nötig:

Führerschein (siehe unten)	gültige Kraftfahrzeugzulassung	grüne Versicherungskarte

Es wird dringend empfohlen, einen Auslandsschutzbrief mitzunehmen und eine Vollkasko-Versicherung abzuschließen. Falls Sie einen anderen Verkehrsteilnehmer verletzen, können Sie mit einer Kaution die Untersuchungshaft vermeiden. Erkundigen Sie sich bei Ihrer Versicherungsgesellschaft oder Ihrem Automobilklub.

Für Deutsche, Österreicher und Schweizer genügt der nationale Führerschein. Der internationale enthält eine spanische Übersetzung, deshalb könnte er bei Schwierigkeiten mit der Polizei nützlich sein.

Straßenverkehr:
- Rechts hat Vorfahrt.
- Höchstgeschwindigkeit in Ortschaften 60 km/h, auf Landstraßen 100 bzw. 90 km/h, auf Autobahnen 120 km/h. Autos mit Wohnwagen 80 km/h.
- Vor Kurven und vor jedem Überholen wird von Spaniern meist gehupt, bei Dunkelheit mit Fernlicht geblinkt.
- Überholen ist durch den Blinker anzuzeigen.
- Das Anlegen der Sicherheitsgurte ist Vorschrift. Motorrad- und Beifahrer müssen Sturzhelme tragen.
- An der Rückseite Ihres Autos muß gut sichtbar ein Nationalitätskennzeichen angebracht sein.
- Kinder unter 10 Jahren dürfen nur auf den hinteren Sitzen mitfahren.

Denken Sie daran, daß die Autobahnausfahrt in Katalonien *sortida* und nicht *salida* wie im übrigen Spanien heißt.

Parken – und überhaupt Autofahren – ist in Barcelona, wie übrigens in den meisten Großstädten, nicht gerade das reinste Vergnügen. Sonntags

A abends bei der Rückkehr vom Strand kommt es immer wieder zu scheußlichem »Verkehrssalat«.

Verkehrspolizei: Die Straßen werden von den mit schwarzen Motorrädern ausgerüsteten Verkehrspolizisten *(Guardia Civil de Tráfico)* überwacht. Die Polizisten, immer zu zweit unterwegs, sind bei Schwierigkeiten hilfsbereit.
Verkehrssündern gegenüber ist die Polizei jedoch unnachsichtig.
Die häufigsten Verstöße: überhöhte Geschwindigkeit; Überholen ohne Betätigung des Blinkers; ungenügender Abstand; defekte Scheinwerfer oder Rücklichter (in Spanien muß jeder Autofahrer Ersatzbirnen in seinem Fahrzeug haben); unvollständiges Halten am STOP-Schild. Bußen sind an Ort und Stelle zu zahlen. Und nehmen Sie sich vor dem schweren spanischen Wein in acht, bevor Sie sich ans Steuer setzen; das kann Sie sehr teuer zu stehen kommen.
Bei einem **Verkehrsunfall** müssen Sie sich – wenn irgend möglich – zwei spanische (nicht ausländische!) Zeugen sichern und Ihre Haftpflichtversicherung sowie die spanische Korrespondenzgesellschaft sofort telegrafisch benachrichtigen. Verständigen Sie in ernsteren Fällen unbedingt auch Ihren Automobilklub und das nächste Konsulat Ihres Heimatlandes, und geben Sie niemandem eine Schuldanerkenntnis.

Benzin und Öl: Treibstoff ist als Super (97 Oktan), Normal (96 Oktan), Bleifrei (95 Oktan; selten verfügbar) und Diesel zu haben. Der Tankwart erwartet ein kleines Trinkgeld.

Reparaturen: In Fremdenverkehrsgebieten muß man bei größeren Reparaturen oft mit einigen Tagen Wartezeit rechnen. Ersatzteile für in Spanien gebaute Autos sind leicht erhältlich, für ausländische Wagen dagegen nur schwer.

Verkehrzeichen: Sie entsprechen meistens den international bekannten, einige Schilder haben jedoch spanische Beschriftung:

Aparcamiento	Parkplatz
Atención	Vorsicht
Autopista (de peaje/peatge)	Autobahn (mit Gebühr)
Bordes deteriorados	Seitenstreifen nicht befahrbar
Carretera estrecha	Enge Straße
Ceda el paso	Vorfahrt beachten
Despacio	Langsam
Desprendimientos	Steinschlag
Desvío	Umleitung
Escuela	Schule
Estacionamiento prohibido	Parken verboten

Obras	Straßenarbeiten
Peatones	Fußgänger
Peligro	Gefahr
Puesto de socorro	Erste-Hilfe-Station
Salida de camiones	Lastwagenausfahrt

(internationaler) Führerschein	**carnet de conducir (internacional)**
Wagenpapiere	**permiso de circulación**
grüne Versicherungskarte	**carta verde**
Sind wir auf der richtigen Straße nach …?	**¿Es ésta la carretera hacia …?**
Bitte volltanken.	**Llene el depósito, por favor.**
Normal/Super/Bleifrei	**normal/super/sin plomo**
Kontrollieren Sie bitte das Öl/die Reifen/die Batterie.	**Por favor, mire el aceite/ los neumáticos/la batería.**
Ich habe eine Panne.	**Mi coche se ha estropeado.**
Es hat einen Unfall gegeben.	**Ha habido un accidente.**

AUTOVERLEIH★ *(coches de alquiler)*. Preise hängen weitgehend von der Größe des Autos und der Dauer der Mietzeit ab. Haben Sie spezielle Besichtigungstouren geplant, lohnt es sich vielleicht, eine der vielen Offerten mit Sondertarif auszunutzen. Oftmals berechnen kleinere Ortsfirmen erheblich weniger als die international bekannten Agenturen.

Die normale Pflichtversicherung ist im Mietpreis mit eingeschlossen; hinzu kommt noch eine Straßensteuer und, falls Sie das wünschen, eine Vollkaskoversicherung, die Sie pro Tag oder Woche abschließen können. Benzin und eventuelle Verkehrsstrafen müssen Sie natürlich selbst bezahlen. Meistens wird die Hinterlegung einer Kaution verlangt, die jedoch entfällt, wenn Sie eine international anerkannte Kreditkarte vorlegen.

Um ein Auto mieten zu können, muß der Fahrer mindestens 21 Jahre alt sein und seit mindestens einem Jahr den Führerschein besitzen.

Ich möchte (für morgen) einen Wagen mieten.	**Quisiera alquilar un coche (para mañana).**
für einen Tag/eine Woche	**por un día/una semana**
Mit Vollkasko bitte.	**Haga el favor de incluir el seguro a todo riesgo.**

B **BABYSITTER.** In allen größeren Hotels werden Sie leicht einen Babysitter finden. Die Preise sind unterschiedlich, je nach Ort, Tageszeit und Dauer.

Könnten Sie mir einen Babysitter für heute abend besorgen?	¿Puede conseguirme una canguro para cuidar los niños esta noche?

BANKEN und GELDWECHSEL *(banco; cambio)*. Die Banken sind, wie in Ihrem Heimatland, an Sonn- und Feiertagen geschlossen – achten Sie aber auf die zahlreichen lokalen Feiertage! Außerhalb der Schalterzeiten – Montag bis Freitag 9–14 Uhr, samstags bis 13 Uhr (außer Juni bis August) – können Sie in vielen Reisebüros und Geschäften sowie in größeren Hotels mit dem Schild *cambio* Geld umtauschen. Banken und Wechselstuben zahlen etwas mehr für Euro- und Reisechecks als für Bargeld. Beim Geldwechseln muß ein Ausweis vorgelegt werden.

Nachmittags und am Wochenende sind Wechselstuben geöffnet am Estació Central-Sants, am Estació de França und am Flughafen.

Ich möchte D-Mark/Schillinge/ Schweizer Franken wechseln.	Quiero cambiar marcos alemanes/ chelines austriacos/francos suizos.

BEKANNTSCHAFTEN. Höflichkeit und Freundlichkeit im Umgang mit den Mitmenschen werden auch in Spanien wichtig genommen. Vergessen Sie deshalb nie, mit *buenos días* (»Guten Morgen« oder »Guten Tag«) und später am Tag mit *buenas tardes* (»Guten Nachmittag«) zu grüßen, und verabschieden Sie sich immer mit einem freundlichen *adiós* (»Auf Wiedersehen«).

Spanische Männer sprechen Ausländerinnen öfters mit überschwenglichen Komplimenten *(piropos)* an. Wenn Sie aber einfach weitergehen, werden Sie bald wieder allein sein.

BUSVERBINDUNGEN *(servicio de autobús)*. In Barcelona gibt es mehr als 50 Buslinien; aber wie in den meisten Großstädten sollte man die Stunden des Berufsverkehrs vermeiden.

Kaufen Sie am besten eine Mehrfahrtenkarte für Bus und gleichzeitig Metro, wenn Sie Barcelona mit öffentlichen Verkehrsmitteln erkunden möchten.

In die normalen Busse steigt man vorne ein; Fahrscheine verkauft der Fahrer. Eine ausgezeichnete Gelegenheit, Barcelona zu besichtigen, bietet der Bus Nr. 100, der in 1½ Stunden an den hauptsächlichen Sehenswürdigkeiten vorbeifährt: Abfahrt alle 45 Minuten ab Pla del Palau, Aus- und wieder Einsteigen nach Belieben.

Für Ausflüge in die Umgebung von Barcelona ist es praktischer, die häufiger verkehrende Eisenbahn zu benutzen (siehe ZÜGE).

B

Wann fährt der nächste Bus nach . . .?	**¿A qué hora sale el próximo autobús para . . .?**
hin und zurück	**ida y vuelta**

CAMPING★. Die Costa Dorada verfügt über die meisten offiziell anerkannten Campingplätze aller spanischen Feriengebiete. Wenden Sie sich and die Federació Catalana de Campings (oder an jedes Fremdenverkehrsamt)

C

Disputació 279, 59, Barcelona; Tel. 317 44 16.

Die Zeltplätze sind in vier Kategorien (Luxus, 1., 2. und 3. Klasse) eingeteilt. Gebühren und Komfort sind deshalb unterschiedlich, jedoch verfügen alle Plätze über Strom, Trinkwasser, Toiletten und Duschen. Auch werden sie rund um die Uhr beaufsichtigt.

Eine ausführliche Liste mit den Campingplätzen in ganz Spanien erhalten Sie bei jeder offiziellen Fremdenverkehrsvertretung des Landes (siehe FREMDENVERKEHRSÄMTER).

Können wir hier zelten?	**¿Podemos acampar aquí?**
Wir haben ein Zelt/einen Wohnwagen.	**Tenemos una tienda de camping/ un caraván.**

DIEBSTAHL und VERBRECHEN. Auch in Spanien ist die Kriminalitätsrate steigend. Diebstähle und Einbrüche sind an der Tagesordnung. Hier nur einige Vorsichtsmaßnahmen: Geben Sie auf Ihr Portemonnaie und Ihre Brieftasche acht, vor allem im Gedränge – beim Stierkampf, auf Märkten im Freien, Fiestas und in Bussen; nehmen Sie keine Wertsachen an den Strand mit; schließen Sie den Wagen ab und lassen Sie niemals Taschen, Kameras usw. im Blickfeld liegen. In Barcelona sind Touristen das ausgemachte Ziel von »Handtaschen-Grapschern«, besonders an den Ramblas und im berüchtigten Barri Chino.

D

Falls Ihnen trotz aller Vorsicht doch etwas abhanden kommen sollte, wenden Sie sich gleich an die Guardia Urbana. Lassen Sie sich auch einen Beleg Ihrer Diebstahlsanzeige für Ihre Versicherung aushändigen. In äußerst schwierigen Lagen füllen Sie auf Ihrem Konsulat in Barcelona ein Formular aus, das Sie auf der Polizeiwache *(comisaría)* vorlegen.

Ich möchte einen Diebstahl anzeigen.	**Quiero denunciar un robo.**
Man hat mir meine Brieftasche/ Geldbörse/meinen Paß gestohlen.	**Me han robado mi cartera/ mi monedero/mi pasaporte.**

F **FÄHREN.** Ab Barcelona verkehren regelmäßig Schiffe (mit Kabinen- oder Deckplätzen) nach Palma de Mallorca, Menorca oder Ibiza. Näheres erfahren Sie in einem örtlichen Reisebüro.

FAHRRADVERMIETUNG *(bicicletas de alquiler)*. In einigen Orten kann man Fahrräder – manchmal sogar Tandems – stundenweise oder auch für den ganzen Tag mieten. Die Leihgebühr ist nicht sehr hoch.

| Was kostet die Miete für einen Tag? | **¿Cuánto cobran por un día?** |

FEIERTAGE *(fiesta)*

1. Januar	*Año Nuevo*	Neujahr
6. Januar	*Epifanía*	Dreikönigstag
19. März	*San José*	Josephstag
1. Mai	*Día del Trabajo*	Tag der Arbeit
25. Juli	*Santiago Apóstol*	St. Jakob
15. August	*Asunción*	Mariä Himmelfahrt
12. Oktober	*Fiesta Nacional*	Nationalfeiertag
1. November	*Todos los Santos*	Allerheiligen
6. Dezember	*Día de la Constitución Española*	Verfassungstag
25. Dezember	*Navidad*	Weihnachten
Bewegliche Feiertage:	*Viernes Santo*	Karfreitag
	Lunes de Pascua	Ostermontag (nur Katalonien)
	Corpus Christi	Fronleichnam
	Immaculada Concepción	Mariä Empfängnis (normalerweise 8. Dezember)

Dies sind nur die nationalen Feiertage. Daneben werden noch so viele religiöse oder lokale Festtage gefeiert, daß man während eines zweiwöchigen Aufenthaltes eigentlich immer eine *fiesta* miterlebt. Banken und Geschäfte sind an diesen Tagen geschlossen. Fast jede Ortschaft ist nach einem Heiligen benannt und feiert daher ihre eigene *fiesta*.

| Haben Sie morgen geöffnet? | **¿Está abierto mañana?** |

FLUGHAFEN *(aeropuerto)*. Barcelonas moderner internationaler Flughafen in El Prat de Llobregat, direkt am Meer, ist nur etwa 15 km vom Stadtzentrum entfernt. Gepäckträger warten, um Ihre Koffer zum Taxi oder zur Bushaltestelle zu tragen. Außerdem stehen den Passagieren Gepäckhandwagen kostenlos zur Verfügung.

Hier befinden sich Souvenirläden, Informationsbüros für Touristen, Autovermietungen, Wechselstuben, Kioske mit Zigaretten, Büchern und Zeitungen. Im Duty-free-Shop kann man Parfüm, Tabakwaren und Spirituosen zu günstigen Preisen erhalten.

Zwischen dem Flughafen und dem Bahnhof Central-Sants im Westen Barcelonas fährt alle 20 Minuten ein Zug oder ein Bus. Die Fahrt dauert nicht länger als 15 bis 20 Minuten.

Charterflüge mit Gästen von Badeorten in der Nähe Tarragonas landen oft auf dem Militär-Flughafen Reus. Die Reisegesellschaften sichern den Transport zu den verschiedenen Zielen.

Gepäckträger!	¡Mozo!
Wo fährt der Bus nach ... ab?	¿De dónde sale el autobús para ...?
Um wieviel Uhr fährt der Bus nach ...?	¿A qué hora sale el autobús para ...?

FOTOGRAFIEREN *(fotografía)*. Die meisten bekannten Filmmarken und Formate sind in Spanien erhältlich, die Preise jedoch hoch. (Dies gilt besonders für Polaroidfilme.) Es lohnt sich daher, einen gewissen Vorrat mitzunehmen. Die spanischen Filme *Negra* und *Valca* (Schwarzweiß) und *Negracolor* (Farbe) sind gut und bedeutend billiger als importierte Marken. *Achtung:* Nicht mehr als 10 Filmrollen pro Kamera einführen!

Fotogeschäfte in größeren Orten entwickeln und kopieren Schwarzweiß- und Farbfilme innerhalb einiger Tage, manchmal sogar in einer Stunde.

Ich möchte einen Film für diese Kamera.	**Quisiera un carrete para esta máquina.**
ein Schwarzweißfilm	**un carrete en blanco y negro**
ein Farbfilm	**un carrete en color**
ein Diafilm	**un carrete de diapositivas**
ein 35-mm-Film	**un carrete de treinta y cinco**
Wie lange dauert es, diesen Film zu entwickeln (und zu kopieren)?	**¿Cuánto tardará en revelar (y sacar copias de) este carrete?**

F **FREMDENFÜHRER und DOLMETSCHER** *(guía; intérprete)*. Qualifizierte Fremdenführer und Dolmetscher für Besichtigungen oder Geschäftsverhandlungen können durch ein Fremdenverkehrsamt oder Reisebüro vermittelt werden.

| Wir möchten einen deutschsprachigen Fremdenführer. | **Queremos un guía que hable alemán.** |

FREMDENVERKEHRSÄMTER *(oficina de turismo)*. Offizielle spanische Fremdenverkehrsvertretungen gibt es in folgenden Städten:

Düsseldorf: Spanisches Fremdenverkehrsamt, Graf-Adolf-Straße 81; Tel. 37 04 67/68.

Frankfurt am Main: Spanisches Fremdenverkehrsamt, 6000 Frankfurt 17, Postf. 17 0547, Tel. 72 50 33 und 72 50 38.

München: Spanisches Fremdenverkehrsamt, Oberanger 6; Tel. 260 95 70.

Wien: Spanisches Fremdenverkehrsamt, Rotenturmstraße 27; Tel. 535 31 91.

Zürich: Spanisches Fremdenverkehrsamt, Seefeldstraße 10; Tel. 252 79 30/31.

Alle größeren Touristenzentren an der Costa Dorada haben ihre örtlichen Fremdenverkehrsbüros, die Ihnen gern Prospekte geben; hier können Sie auch die Hotelliste mit Kategorienangaben und Preisen einsehen:

Barcelona: Flughafen, Estació Central-Sants (Hauptbahnhof), in der Moll de la Fusta, an der Plaça de Sant Jaume (gotisches Viertel) und in der Gran Via de les Corts Catalanes, 658. Das Staatliche Spanische Fremdenverkehrsbüro (Patronat de Turisme) finden Sie in der Passeig de Gràcia 35.

Innerhalb Barcelonas erteilt die Telefonnummer 010 Touristen alle möglichen Auskünfte über die Stadt.

Sitges: Plaça d'Eduard Maristany.

Tarragona: Major 39 und Fortuny 4.

| Wo ist das Fremdenverkehrsamt? | **¿Dónde está la oficina de turismo?** |

FRISEUR *(barbería; peluquería)*. Die Preise sind je nach dem Rang des Salons recht verschieden; häufig sind sie im Schaufenster angeschrieben. Meistens ist die Bedienung im Preis inbegriffen, doch ist ein zusätzliches Trinkgeld üblich.

Waschen und Legen	**lavado y marcado**
Dauerwelle	**permanente**
Färben/Tönen	**tinte/champú colorante**
Farbenskala	**un muestrario de tintes**
Maniküre	**manicura**
(Hier) nicht zu kurz schneiden.	**No corte mucho (aquí).**
Hier etwas kürzer.	**Un poco más aquí.**

FUNDSACHEN *(objetos perdidos)*. Falls Sie etwas verlieren und Ihre eigene Suche keinen Erfolg hat, wenden Sie sich an die Guardia Civil oder den nächstgelegenen Polizeiposten.

Und wenn Ihr Sprößling einmal im sommerlichen Gedränge verlorengehen sollte, brauchen Sie nicht gleich das Schlimmste zu befürchten. Verirrte finden sich meist schnell am nächsten Eisstand, an einem Ort mit Durstlöschern oder letztlich bei der Polizei wieder.

GELD *(moneda)*. Währungseinheit ist die *peseta* (abgekürzt *pta.*)
Münzen: 1, 2, 5, 10, 25, 50, 100, 200 und 500 Peseten.
Scheine: 500, 1000, 2000, 5000 und 10 000 Peseten.
Die 5-Peseten-Münze wird *duro* genannt; wenn der Preis 10 *duros* beträgt, sind damit 50 Peseten gemeint.
Devisenbeschränkungen siehe unter ZOLL UND PASSFORMALITÄTEN.

GOTTESDIENSTE *(servicio religioso)*. Staatsreligion Spaniens ist der römisch-katholische Glaube. In fast allen Kirchen – auch den künstlerisch und historisch bedeutenden – wird täglich die Messe gelesen.

In Barcelona gibt es zwei deutsche und verschiedene andere ausländische Gemeinden mit eigenen Kirchen.

Deutsche Katholische Kirche: Calle Porvenir, 14; Tel. 21 74 7 52

Deutsche Evangelische Kirche: Comunidad Evangélica Alemana, Calle Brusi, 94; Tel. 227 05 32

Schweizerische Landeskirche: Iglesia Reformada Suiza, Calle Aragón, 51; Tel. 224 05 29

Eine **Synagoge** befindet sich an der Calle Porvenir, 24; Tel. 228 53 27.

| Wann beginnt die Messe/ der Gottesdienst? | **¿A qué hora es la misa/el culto?** |
| Ist sie/er auf deutsch? | **¿Es en alemán?** |

H **HOTELS und ANDERE UNTERKÜNFTE*** *(hotel; alojamiento)*. Das Angebot reicht vom luxuriösen 5-Sterne-Hotel bis zur bescheidenen Herberge. Hotelverzeichnisse mit Preisangaben liegen in den spanischen Fremdenverkehrsämtern und den meisten örtlichen Reisebüros auf. Das Frühstück ist normalerweise im Preis inbegriffen. Bevor Sie Ihr Zimmer beziehen, müssen Sie ein Formular mit Hotelkategorie-, Zimmernummer- und Preisangabe ausfüllen und mit Ihrer Unterschrift versehen.

Die meisten Touristen haben eine Pauschalreise gebucht. Für Reisende, die ohne Reservierung in der Hochsaison eintreffen, ist es schwierig, ein Zimmer zu finden. Außerhalb der Saison sind die Hotelpreise im Prinzip niedriger, und natürlich sind mehr Zimmer frei.

Andere Unterkünfte:

Hotel-Residencia und **Hostal:** Gasthof mit Zimmervermietung, oft Familienbetrieb, ebenfalls nach Sternen eingestuft.

Pension: Gästeheim mit wenig Komfort.

Fonda: Einfacher, sauberer Landgasthof.

Parador: Meist außerhalb der Städte gelegen, oft in alten historischen Bauten untergebracht. Praktisch für den Automobilisten. Staatlich geleitet und komfortabel. Frühzeitige Reservierung notwendig.

ein Doppel-/Einzelzimmer	**una habitación doble/individual**
Bad/Dusche	**con baño/ducha**
Was kostet eine Übernachtung?	**¿Cuál es el precio por noche?**

J **JUGENDHERBERGEN** *(albergue de juventud)*. In Spanien findet man nur wenige und weit voneinander entfernte Jugendherbergen. An der Costa Dorada gibt es je eine in Barcelona und Tarragona (nur für Jungen) und eine in Arenys de Mar (gemischt). Während der Hauptreisezeit ist frühzeitige Reservierung angezeigt. Es wird ein Jugendherbergsausweis verlangt.

K **KLEIDUNG** *(ropa)*. Wenn Sie leichte Baumwollsachen für den Tag, eine Jacke oder einen Pullover für die manchmal auch im Hochsommer kühlen Abende und einen Wettermantel für Herbst und Winter mitnehmen, sind Sie für Barcelona und die Costa Dorada richtig ausgerüstet.

Die Zeiten, in denen Bikinis in Spanien verboten waren, sind längst vorbei. Mini-Bikinis und Sonnenbaden »oben ohne« erregen kaum mehr Anstoß.

Auf dem Weg zum Strand sollte man ein Hemd oder ein Strandkleid über dem Badezeug tragen. Die Spanier werden Ihnen für diese Beachtung der landesüblichen, ungeschriebenen Kleiderordnung dankbar sein. Und denken Sie auch beim Besuch von Kirchen an passende Kleidung – Miniröcke oder Shorts sind fehl am Platz.

Muß ich Jackett und Schlips tragen?	¿Necesito chaqueta y corbata?
Kann ich das tragen?	¿Voy bien así?

KONSULATE *(consulado)*

Barcelona:

Konsulat der Bundesrepublik Deutschland: Passeig de Gràcia, 111; Tel. 217 61 62.

Österreichisches Konsulat: Calle Mallorca, 286; Tel. 257 36 14.

Schweizer Konsulat: Gran Vía de Carlos III, 94, 7°; Tel 330 92 11.

Nach den Öffnungszeiten der diplomatischen Vertretung Ihres Heimatlandes erkundigen Sie sich am besten telefonisch.

Wo ist das deutsche/österreichische/Schweizer Konsulat?	¿Dónde está el consulado alemán/austríaco/suizo?
Es ist sehr dringend.	Es muy urgente.

KREDITKARTEN und SCHECKS *(tarjeta de crédito; cheque)*

Kreditkarten: Alle international anerkannten Kreditkarten werden in Hotels, Restaurants und Geschäften als Zahlungsmittel angenommen.

Eurocheques: Bei der Bezahlung mit Eurocheques gibt es in Spanien keinerlei Probleme.

Reiseschecks: Reisebüros, Geschäfte und Hotels nehmen gerne Reiseschecks, den besten Kurs erhalten Sie jedoch bei Banken und Wechselstuben. Beim Einlösen von Reiseschecks wird im allgemeinen um Vorlage des Reisepasses oder des Personalausweises bzw. der Identitätskarte gebeten.

K **Bargeld:** Obwohl viele Geschäfte Devisen akzeptieren, ist es vorteilhafter, in der Landeswährung zu zahlen. Der Kurs ist in Geschäften immer ungünstiger als in Banken und Wechselstuben.

Nehmen Sie Reiseschecks?	**¿Acepta usted cheques de viaje?**
Kann ich mit dieser Kreditkarte zahlen?	**¿Puedo pagar con esta tarjeta de crédito?**

M **MOTORROLLER- und MOPEDVERMIETUNG** *(motos/velomotores de alquiler)*. Wenn Sie Glück haben, finden Sie vielleicht eine Reparaturwerkstätte, die Ihnen ein Moped oder einen Motorroller für einen Tag oder eine Woche leiht. Vergessen Sie aber nicht, daß Mopeds (49 ccm) ein sehr leichtes Verkehrsmittel im starken Küstenverkehr der Hauptsaison sind. Motorroller (125–175 ccm), die auch genügend Platz für einen Mitfahrer bieten, kosten fast soviel wie ein Auto.

Was kostet die Miete für einen Tag/eine Woche?	**¿Cuánto cuesta por und día/ una semana?**

N **NOTFÄLLE** *(urgencia)*. Polizeinotruf in ganz Spanien: *091*, innerhalb Barcelonas 092. Notrufstation des ADAC in Barcelona (deutschsprachig; bei allen Schwierigkeiten, auch für Nichtmitglieder): 93/2 00 88 00 (2.5.–31.10. von 9–17 Uhr); ADAC-Notrufzentrale in München: 07/49-89/22 22 22; Alarmzentrale des Touring-Clubs der Schweiz in Genf: 07/41-22-737 12 12; Euro-Notruf Österreich: 07/1/982 13 04 oder 982 13 05.

Siehe auch unter: Konsulate, Ärztliche Hilfe, Polizei.

Feuer	**Fuego**	Hilfe	**Socorro**
Halt	**Deténgase**	Polizei	**Policía**
Haltet den Dieb	**Al ladrón**	Vorsicht	**Cuidado**

O **ÖFFNUNGSZEITEN.** Dreh- und Angelpunkt der Geschäftszeiten ist auch in Spanien die Mittagspause. Die meisen Läden und Büros öffnen von 9.30 bis 13.30 Uhr und anschließend wieder von 16.30 bis 20 Uhr. Die Restaurants servieren das Mittagessen zwischen 13 und 15 Uhr und das Abendessen von 20 bis 21 Uhr bis 23 Uhr oder noch später.

P **PASSFORMALITÄTEN** siehe **ZOLL**

POLIZEI *(policía)*. Es gibt drei Polizeikorps in Spanien. Das bekannteste ist die *Guardia Civil,* die auch den Verkehr überwacht. In jeder größeren Ortschaft findet man außerdem die *Policía Municipal* (städtische Polizei), die meist blaue Uniformen mit Rangabzeichen trägt. Das *Cuerpo Nacional de Policía,* eine nationale Einheit, ist für Gewaltverbrechen zuständig und an ihren braunen Uniformen zu erkennen. Wenn Sie polizeiliche Hilfe brauchen, können Sie sich an jedes der drei Korps wenden.

P

Wo ist der nächste Polizeiposten?	**¿Dónde está la comisaría más cercana?**

POST und TELEGRAMME. In Spanien sind die Post- und Telegrafenämter *(Correos y Telégrafos)* von den Telefonämtern getrennt; telefonieren können Sie auf der Post gewöhnlich nicht (siehe TELEFON). Im allgemeinen sind sie von Montag bis Freitag zwischen 9 und 13 oder 14 Uhr und zwischen 16 oder 17 und 18 oder 19 Uhr sowie samstags nur vormittags geöffnet. Barcelonas Hauptpost, ein düster-eindrucksvolles Gebäude mit Buntglaskuppel, lohnt einen Besuch allein schon wegen der dort herrschenden Atmosphäre. Sie ist Montag bis Freitag von 9 bis 21 Uhr und samstags von 9 bis 14 Uhr geöffnet. Briefmarken bekommt man auch in den bis zum späten Abend geöffneten Tabakgeschäften *(tabacos* oder *estancos)* oder meist auch am Hotelempfang. Die Briefkästen sind gelb.

Wenn Sie Ihre genaue Anschrift vor der Abreise noch nicht kennen, können Sie sich Ihre Post postlagernd *(lista de correos)* nachschicken lassen. Beispiel:

> Fräulein Margret Mai
> Lista de Correos
> Salou (Tarragona), Spanien

Beim Abholen der Post müssen Sie Ihren Paß oder Ihren Personalausweis bzw. Ihre Identitätskarte vorweisen.

Telegramme *(telegrama).* In den Hauptpostämtern ist das Telegrafenamt Tag und Nacht geöffnet. Sie können Ihre Telegramme aber auch beim Hotelempfang aufgeben. Meistens ist hier auch ein Fernschreiber vorhanden. Telefonisch können Sie Telegramme über die Nummer 322 20 00 aufgeben.

Eilbrief (Expreß)	**Urgente**
Luftpost	**Vía aérea**
Eingeschrieben	**Certificado**

P Haben Sie Post für mich? ¿Ha recibido correo para mí?
Bitte Briefmarken für diesen Por favor, un sello para esta
Brief/diese Postkarte. carta/tarjeta postal.
Ich möchte ein Telegramm Quisiera mandar un telegrama
nach... aufgeben. a...

PREISE. Verglichen mit den meisten anderen europäischen Ländern ist das Leben in Spanien noch verhältnismäßig billig, und man kann sagen, daß ein Urlaub in Barcelona und an der Costa Dorada nicht unbedingt teuer zu sein braucht.

Die Preise scheinen manchmal etwas willkürlich festgesetzt zu sein; so ist es möglich, daß in den Bars oft alle Getränke dasselbe kosten, gleichgültig ob Sie Orangeade, Kognak oder Bier bestellen, und es kann sogar vorkommen, daß eine Flasche Mineralwasser teurer ist als eine Flasche Wein. Im allgemeinen sind jedoch Getränke, Mahlzeiten und Rauchwaren billig.

Einige Preisbeispiele finden Sie auf S. 101.

Was kostet das? ¿Cuánto es?
Haben Sie etwas Billigeres? ¿Tiene algo más barato?

R **RADIO und FERNSEHEN** *(radio; televisión)*. In Spanien können auch einige deutschsprachige Sender empfangen werden, tagsüber am besten über Kurzwelle. Abends ist sogar der Mittelwellenempfang mit Transistor-Kofferradios ausgesprochen gut. Und jeden Abend von 21–22 Uhr senden Radio Marítim Lloret de Mar und Radio Cadena Gerona ein deutschsprachiges Programm auf Ultrakurzwelle 93,3 MHz.

Das spanische Fernsehen sendet in seinen zwei Kanälen nur in der Landessprache, was aber bei Stierkampf- und Sportübertragungen nicht allzuschwer ins Gewicht fällt.

REINIGUNG siehe **WÄSCHEREI**

REISESCHECKS siehe **KREDITKARTEN**

REKLAMATIONEN *(reclamación)*. Da der Fremdenverkehr für Spanien eine der wichtigsten Einnahmequellen darstellt, nimmt der Staat Beschwerden ausländischer Touristen sehr ernst.

Hotels und Restaurants: In jedem Hotel und Restaurant sowie auf den Campingplätzen gibt es offizielle Beschwerdeformulare *(Libro Oficial de Reclamaciones/Llibre Oficial de Reclamaciones)*, die den Gästen auf Verlangen vorgelegt werden müssen. Das Original schickt man an das Ministerium für Fremdenverkehr, eine Kopie geht an das Unternehmen, gegen das die Beschwerde gerichtet ist, und eine weitere Kopie behalten Sie. Bei kleineren Problemen genügt meist schon die Frage nach dem Formular. Man sollte jedoch nur in wirklich schweren Fällen davon Gebrauch machen.

Schlechte Ware, Autoreparaturen: Heute gibt es auch in Spanien Konsumentenschutzgesetze, Verbraucherberatungsstellen sowie entsprechende Kontrollen; trügerische Angaben werden bestraft. Für den Touristen ist es allerdings am einfachsten, sich an das nächste Verkehrsbüro – oder in schwereren Fällen an die Polizei – zu wenden.

Falls Sie sich einmal wirklich nicht zu helfen wissen und auch die Polizei nicht rufen können, so schreiben Sie direkt an Sección de Inspección y Reclamaciones:

Turespaña, María de Molina 50, 28006 Madrid.

SIESTA. Das Wort kennt man überall – die Sitte leider nicht. Machen Sie sich während Ihrer Ferien damit vertraut. In Barcelona und an der Costa Dorada sind während dieser mittäglichen Ruhepause – meist von 13 bis 16 oder 17 Uhr – auch Geschäfte und Büros geschlossen, öffnen danach aber wieder bis gegen 20 Uhr.

SPRACHE. In Barcelona und an der Costa Dorada versteht jeder die offizielle Landessprache, das kastilische Spanisch *(castellano)*, unter sich sprechen die Einheimischen aber meistens eine verwandte romanische Sprache, Katalanisch *(català)*, in der sie sich fließender ausdrücken können als auf kastilisch. Schon aus geografischen und historischen Gründen wird Französisch weitgehend verstanden; in Touristenorten kennen die Einheimischen auch die notwendigsten Ausdrücke auf englisch und deutsch.

Für den Besucher von Barcelona und der Costa Dorada wäre es natürlich übertrieben, plötzlich mit großem Eifer Katalanisch zu lernen; ein paar Brocken Spanisch genügen eigentlich. Es wird Ihnen aber sicherlich Sympathie eintragen, wenn Sie ein paar Worte *català* kennen – versichern Sie sich allerdings vorher, ob Ihr Gesprächspartner Katalane ist, denn an der ganzen Küste arbeiten, besonders im Sommer, Spanier aus allen Gegenden des Landes, die genauso wenig – oder soviel – Katalanisch können wie Sie!

S

	Katalanisch	Kastilisch (Spanisch)
Guten Morgen/Tag	*Bon dia*	*Buenos días*
Guten Nachmittag/Abend	*Bona tarda*	*Buenas tardes*
Gute Nacht	*Bona nit*	*Buenas noches*
Danke	*Gràcies*	*Gracias*
Gern geschehen	*De res*	*De nada*
Bitte	*Si us plau*	*Por favor*
Auf Wiedersehen	*Adéu*	*Adiós*

SPANISCH FÜR DIE REISE von Berlitz und das Berlitz Taschenwörterbuch Spanisch-Deutsch/Deutsch-Spanisch (mit einer Erläuterung der spanischen Speisekarte) vermitteln Ihnen den für die meisten Situationen notwendigen Wortschatz.

Spricht jemand Deutsch?	**¿Hay alguien que hable alemán?**

STRASSENKARTEN und PLÄNE. Seit Francos Tod im Jahre 1975 hat sich in Spanien so einiges geändert, und viele Straßen und Plätze wurden inzwischen umbenannt. Sie finden jetzt manchmal nicht nur zwei Namen – einen alten und einen neuen, die überhaupt keine Ähnlichkeit haben –, sondern diese auch noch in zwei Sprachen – einmal auf kastilisch, einmal auf katalanisch. San Carlos heißt jetzt z.B. Sant Carles, aus Lérida wurde Lleida, aus Gerona Girona.

Wenn Sie eine bestimmte Stelle suchen und sich nicht gleich zurechtfinden sollten, fragen Sie am besten einen Einheimischen. Wir haben uns bemüht, so weit wie möglich die katalanischen Namen zu verwenden. Nachstehend finden Sie die häufigsten Bezeichnungen in Namen von Straßen und Plätzen:

	Katalanisch	Kastilisch
Avenue	*Avinguda*	*Avenida*
Boulevard	*Passeig*	*Paseo*
Kirche	*Església*	*Iglesia*
Palast	*Palau*	*Palacio*
Passage	*Passatge*	*Pasaje*
Platz	*Plaça*	*Plaza*
Straße	*Carrer*	*Calle*

Die Karten und Pläne in diesem Reiseführer wurden vom Falk-Verlag, Hamburg, ausgearbeitet.

ein Stadtplan von…	**un mapa de la ciudad de…**
eine Straßenkarte dieser Gegend	**un mapa de carreteras de esta comarca**

STROMSPANNUNG *(corriente eléctrica)*. Meist 220 V, aber auch noch 125 V Wechselstrom. Man erkundige sich daher am besten von Fall zu Fall. Stellen Sie Ihre elektrischen Geräte immer zuerst auf die höhere Spannung ein, wenn Sie im Zweifel sind. Es empfiehlt sich außerdem, einen Zwischenstecker für Geräte mit Sicherheitsstecker mitzunehmen.

Da hin und wieder – besonders bei Regen – der Strom ausfällt, sollten Sie möglichst auch eine Kerze und Streichhölzer oder ein Feuerzeug auf Ihrem Zimmer haben.

Welche Spannung haben Sie – 125 oder 220 V?	**¿Que voltaje es – ciento veinticinco o doscientos veinte?**
ein Zwischenstecker	**un transformador**
eine Batterie	**una pila**

TAXIS* *(taxi)*. Die Buchstaben *SP* an der vorderen und hinteren Stoßstange eines Autos bedeuten nicht Spanien, sondern *servicio público,* also Taxi. Manche Wagen haben außerdem ein grünes Licht an der Windschutzscheibe und ein Taxi-Schild. Jede größere Stadt hat ihr Modell und ihre Farbe: Barcelonas Taxis sind alle gelb und schwarz angemalt. In großen Orten haben die Taxis zwar Taxameter, doch am Ende der Fahrt muß der Chauffeur den Preis meist auf der neuesten Liste nachschauen. Die Umstellung der Taxameter hält mit den Preisen nicht Schritt. Außerdem gibt es Zuschläge aller Art: Nachtfahrten, an Feiertagen, vom Bahnhof, Flughafen, Theater, von der Stierkampfarena aus, für Gepäcktransport u.a.m. Allerdings ist die Gesamtsumme trotzdem noch etwas geringer als bei einer vergleichbaren Fahrt in anderen Ländern Europas.

In kleineren Orten haben die Taxis meist keine Taxameter, und man sollte sich den Preis der Fahrt vorher sagen lassen.

TELEFON *(teléfono)*. Sie können Orts-, Fern- und Auslandsgespräche von den öffentlichen Telefonzellen auf dem Gehsteig, in Hotels (oft mit erheblichem Zuschlag) und in einigen Postämtern führen. Die Vorwahlnummern für Ferngespräche in andere Städte finden Sie im Telefonbuch. Die internationale Telefonvorwahl für die Bundesrepublik Deutschland lautet 07-49, für Österreich 07-43, für die Schweiz 07-41. Halten Sie bei Selbstwahl immer genügend Geldstücke bereit.

Direktverbindung mit dem Ausland erhalten Sie wie folgt: Nach Ertönen des Summtons wählen Sie 07, warten den zweiten Summton ab und wählen dann die Länderkennzahl, die Städtevorwahl (ohne Null!) und die Nummer des Abonnenten.

T Schalten Sie die Telefonvermittlung ein, wenn Sie ein R-Gespräch (Empfänger bezahlt), auf spanisch *cobro revertido,* oder ein Gespräch mit Voranmeldung *(persona a persona),* das allerdings nur bei Auslandsgesprächen möglich ist, wünschen.

Würden Sie mich bitte mit dieser Nummer in ... verbinden?	**¿Puede comunicarme con este número en..., por favor?**

TELEGRAMME siehe **POST**

TOILETTEN. Es gibt mehrere spanische Bezeichnungen: *aseos, servicios, W.C., water* und *retretes*; die ersten beiden sind am gebräuchlichsten.

In größeren Städten gibt es öffentliche Toiletten, in Dörfern nur äußerst selten. Hingegen haben fast alle Bars, Cafés und Restaurants Toiletten; man erwartet zwar nicht unbedingt, daß Sie ein Getränk bestellen, wenn Sie sie benutzen wollen, aber es wäre eine höfliche Geste.

Wo ist die Toilette?	**¿Dónde están los servicios?**

TRINKGELDER. Bedienung ist in den Restaurant- und Hotelrechnungen im allgemeinen inbegriffen, in anderen Dienstleistungsbereichen erwartet man jedoch ein Trinkgeld von Ihnen. Nachstehend einige Anhaltspunkte:

Fremdenführer	10%
Friseur	10%
Hoteldiener	50 Ptas. (z. B. pro Gepäckstück)
Kellner	10% (sehr gute Bedienung)
Platzanweiser (Stierkampf)	25–50 Ptas.
Taxifahrer	10%
Toilettenpersonal	25–50 Ptas.
Zimmermädchen	100–200 Ptas. (für Sonderleistungen)

Danke, das ist für Sie.	**Gracias, esto es para usted.**

UNTERGRUNDBAHN* *(metro)*. Barcelonas U-Bahnsystem hat fünf Linien, die einen oftmals schneller durch die Stadt bringen, als es der Straßenverkehr kann.

Die Eingänge erkennt man an den rautenförmigen roten »Metro«-Schildern. Hier hängen auch die Pläne des gesamten Netzes aus. Die Züge fahren normalerweise von 5 bis 23 Uhr.

Teil des Metrosystems, aber mit speziellen Namen versehen, sind die beiden Linien, die den oberen Teil der Stadt durchfahren: Sarría und Tibidabo.

WÄSCHEREI und REINIGUNG *(lavandería; tintorería)*. Wenn sich Ihr Hotel nicht Ihrer Wäsche- und Reinigungsprobleme annimmt, können Sie Ihre Sachen in eine der Schnellreinigungsfilialen geben, die schnell und preisgünstig arbeiten.

Wann ist es fertig?	**¿Cuándo estará listo?**
Ich brauche es bis morgen früh.	**Lo necesito para mañana por la mañana.**

WASSER *(agua)*. Wenn Sie besonders empfindlich sind, können Sie sich in Flaschen abgefülltes Wasser bestellen. Es ist mit und ohne Kohlensäure erhältlich.

eine Flasche Mineralwasser	**una botella de agua mineral**
mit Kohlensäure	**con gas**
ohne Kohlensäure	**sin gas**
Ist das Wasser trinkbar?	**¿El agua es potable?**

ZIGARETTEN, ZIGARREN, TABAK* *(cigarrillos, puros, tabaco)*. Spanische Zigaretten werden aus starkem schwarzem Tabak *(negro)* oder aus leichtem Tabak *(rubio)* hergestellt. Importierte Zigaretten sind teurer als einheimische, doch können ausländische Marken, die in Spanien in Lizenz produziert werden, auch billiger sein als zu Hause. Zigarren von den Kanarischen Inseln sind ausgezeichnet, kubanische überall erhältlich. Einheimischer Tabak schmeckt eher herb.

Tabakwaren sind in Spanien Staatsmonopol und werden in staatlichen Läden *(tabacos)* verkauft, in denen man auch Briefmarken erhält.

Eine Schachtel Zigaretten/ Streichhölzer.	**Un paquete de cigarrillos/ Una caja de cerillas.**
mit/ohne Filter	**con/sin filtro**

Z **ZOLL und PASSFORMALITÄTEN** *(aduana; pasaporte)*. Für die Einreise nach Spanien brauchen Staatsangehörige der Bundesrepublik Deutschland, der Schweiz und Österreichs einen Paß oder einen Personalausweis bzw. eine Identitätskarte. Wer über drei Monate in Spanien bleiben will, muß auf jeden Fall einen Reisepaß mitnehmen und sich nach 90 Tagen bei den Polizeibehörden melden.

Devisenbeschränkungen. Touristen dürfen soviel spanisches Geld oder ausländische Währung ins Land einführen, wie sie wollen. Doch bei der Ausreise sind alle Beträge, die den Gegenwert von 500 000 Peseten übersteigen, sowie die Peseta-Beträge von mehr als 100 000 Peseten zu deklarieren. Wenn Sie also viel Geld nach Spanien mitnehmen und den »Rest« wieder mit nach Hause nehmen möchten, empfiehlt es sich, die Beträge bei der Ein- und Ausreise anzugeben.

Nachstehend einige Zollbestimmungen für Gegenstände des persönlichen Verbrauchs:

nach:	Zigaretten	Zigarren	Tabak	Spirituosen	Wein
Spanien	1) 200 oder 2) 300	50 oder 75	250 g 350 g	1 oder 1,5 und	2 l 5 l
BRD	3) 200 oder 4) 300	50 oder 75	250 g 400 g	1 und 1,5	2 l 5 l
Österreich	200 oder	50 oder	250 g	1 und	2 l
Schweiz	200 oder	50 oder	250 g	1 und	2 l

1) bei Einreise aus Nicht-EG-Ländern
2) bei Einreise aus EG-Ländern
3) bei Einreise aus Nicht-EG-Ländern oder für Einreise aus EG-Ländern mit zollfrei gekauften Waren
4) bei Einreise aus EG-Ländern mit *nicht* zollfrei gekauften Waren

Ich habe nichts zu verzollen.	**No tengo nada que declarar.**
Das ist für meinen persönlichen Gebrauch.	**Es para mi uso personal.**

ZÜGE. Von Barcelona aus erreicht man in Schnellzügen fast alle Gegenden des Landes. Die Fernzüge sind schnell und pünktlich, der

Fahrkomfort ist entsprechend. Fahrkarten löst man natürlich am Bahnhof *(estació[n] de ferrocarril)* oder auch im Reisebüro.

Für längere Bahnfahrten empfiehlt sich eine Platzreservierung.

In »Bummelzügen« wird jede Fahrt ein Erlebnis. Vorortzüge in die nordwestlichen Randgebiete von Barcelona laufen über den Bahnhof Cercanías, die eigens dafür eingerichtete Anlage hinter der Hafenstation Estació de França.

In die südöstlichen Wohnbezirke verkehren Züge vom Passeig de Gràcia in der Stadtmitte und vom Hauptbahnhof (Estació Central-Sants) im Westen der Stadt. (Für Ermäßigungen siehe S. 99.)

EuroCity (EC)	Internationaler Schnellzug; 1. und 2. Klasse
Talgo, Intercity, Electrotren, Ter, Tren Estrella	Bequemer EC-ähnlicher Zug; 1. und 2. Klasse mit Zuschlag
Expreso, Rápido	Schnellzug, der nur in größeren Orten hält; Zuschlag
Tranvía	Lokalzug, der an den meisten Stationen hält; gewöhnlich nur 2. Klasse
Auto Expreso	Autoreisezug
coche restaurante	Speisewagen
coche cama	Schlafwagen mit 1-, 2- oder 3-Bett-Abteilen
litera	Liegewagen

Wann fährt/Welcher Zug ist am günstigsten nach…?	**¿A qué hora sale/Cuál es el mejor tren para…?**
einfache Fahrt	**ida**
hin und zurück	**ida y vuelta**
Wieviel kostet die Fahrt nach…	**¿Cuánto es la tarifa a …?**
erster/zweiter Klasse	**primera/segunda clase**
Ich möchte Platzkarten bestellen.	**Quiero reservar asientos.**

WOCHENTAGE

Sonntag	**domingo**	Donnerstag	**jueves**
Montag	**lunes**	Freitag	**viernes**
Dienstag	**martes**	Sonnabend	**sábado**
Mittwoch	**miércoles**		

MONATE

Januar	**enero**	Juli	**julio**
Februar	**febrero**	August	**agosto**
März	**marzo**	September	**septiembre**
April	**abril**	Oktober	**octubre**
Mai	**mayo**	November	**noviembre**
Juni	**junio**	Dezember	**diciembre**

ZAHLEN

0	**cero**	18	**dieciocho**
1	**uno**	19	**diecinueve**
2	**dos**	20	**veinte**
3	**tres**	21	**veintiuno**
4	**cuatro**	22	**veintidós**
5	**cinco**	30	**treinta**
6	**seis**	31	**treinta y uno**
7	**siete**	32	**treinta y dos**
8	**ocho**	40	**cuarenta**
9	**nueve**	50	**cincuenta**
10	**diez**	60	**sesenta**
11	**once**	70	**setenta**
12	**doce**	80	**ochenta**
13	**trece**	90	**noventa**
14	**catorce**	100	**cien**
15	**quince**	101	**ciento uno**
16	**dieciséis**	500	**quinientos**
17	**diecisiete**	1000	**mil**

EINIGE NÜTZLICHE AUSDRÜCKE

ja/nein	sí/no
bitte/danke	por favor/gracias
Verzeihung/gern geschehen	perdone/de nada
wo/wann/wie	dónde/cuándo/cómo
wie lange/wie weit	cuánto tiempo/a qué distancia
gestern/heute/morgen	ayer/hoy/mañana
Tag/Woche/Monat/Jahr	día/semana/mes/año
links/rechts	izquierda/derecha
hinauf/hinunter	arriba/abajo
gut/schlecht	bueno/malo
groß/klein	grande/pequeño
billig/teuer	barato/caro
heiß/kalt	caliente/frío
alt/neu	viejo/nuevo
geöffnet/geschlossen	abierto/cerrado
Wo sind die Toiletten?	¿Dónde están los servicios?
Kellner, bitte.	Camarero, por favor.
Ich hätte gern…	Quisiera…
Wieviel kostet das?	¿Cuánto es?
Wie spät ist es?	¿Qué hora es?
Was heißt das?	¿Qué quiere decir esto?
Spricht hier jemand Deutsch?	¿Hay alguien aquí que hable alemán?
Ich verstehe nicht.	No comprendo.
Bitte schreiben Sie es auf.	Ecríbamelo, por favor.
Bitte helfen Sie mir.	Ayúdeme, por favor.
Holen Sie einen Arzt – schnell!	¡Llamen a un médico – rápidamente!
Was wünschen Sie?	¿Qué desea usted?
Einen Augenblick.	Un momento.
Gehen Sie weg!	¡Váyase!

Register

Ein Stern (*) hinter einer Seitenzahl verweist auf eine Karte. Fettgedruckte Seitenzahlen kennzeichnen den Haupteintrag. Ein Register der Praktischen Hinweise finden Sie vorne auf der inneren Umschlagseite.

Altafulla *18*, 52*
Ametlla de Mar, L' *18**, **61–62,** *81*
Amphitheater *37, 53, 56*
Ampolla, L' *18*, 62*
Amposta *18*, 62*
Angeln *94*
Andorra *69–70*
Aquädukte *10, 18*, 52, 55**
Arc de Berà *51*
Arenys de Mar **18,** *19*, 81*

Badalona **17,** *19*, 81*
Balcó del Mediterrani (Tarragona) *55*, 56*
Barcelona *7*, 8, 10, 11, 13, 14, 15, 19*,* **21–47,** *22*–23*, 25*, 30*, 39*, 74, 76, 77–78, 79–80, 81, 82, 83, 84, 88, 92, 94, 97*
  Acuario *38*
  Barceloneta, La *38, 39**
  Capella (Kapelle)
    ~ de Santa Agata *25*, 28*
    ~ de Santa Llucia *26*
  Casa (Haus)
    ~ de l'Ardiaca *25*, 25, 30**
    ~ Batlló *23*, 42*
    ~ de la Ciutat (Ajuntament) *22*, 25*, 28, 30*, 39**
    ~ Milá (»La Pedrera«) *23*,* **42–43**
    ~ Vicenç *43*

  Catedral de Santa Eulalia *23*, 25*, 25–26*
  Drassanes *23*, 30*, 37*, 39**
  »Eixample« *41–44*
  Església (Kirche)
    ~ de Betlem *23*, 30*, 31*
    Betlem *23*, 30*, 31*
    ~ de Santa Maria del Mar *23*, 39*,* **40,** *83*
  Gotisches Viertel (Barri Gótic) *21–29, 25**
  Gran Teatre del Liceu *23*, 30*,* **33,** *39*, 83*
  Hospital de la Santa Creu *23*, 30*, 32–33, 39**
  Llotja, La *23*, 30*, 39*, 40*
  Mercat de Sant Josep *30*, 31*
  Monestir de Pedralbes **46,** *78*
  Montjuïc *22*,* **34–37,** *45, 80, 82*
  Museu (Museum)
    ~ Arqueològic *22*,* **35,** *77*
    ~ d'Art de Catalunya **35,** *77*
    ~ d'Art Modern *23*, 39*,* **44–45,** *78*
    ~ d'Autòmats *47*
    ~ de la Catedral *26*
    ~ de Cera *23*, 30*,* **34,** *39*, 77*

126

Barcelona (Forts.)
　Colecció Cambó **46**, *77*
　~ Etnològic *35–36*
　~ Frederic Marés *25**, **26**, *78*
　Fundació Miró *36–37*, *78*
　~ de l'Indumentaria *23*, 39**, **41**, *78*
　~ d'Història de la Ciutat **26–27**, *30**, *78*
　~ Marítim *23**, **37**, *39*, 78, 80*
　~ Militar *37*, **78**
　~ Picasso *23*, 39**, **40–41**, *77–78*
　Palau (Palast)
　　~ de la Generalitat *23*, 25*, 28, 30*, 39**
　　~ Güell *23*, 30*, 33, 39*,* **42**
　Parc (Park)
　　~ de la Ciutadella *23*, 39**, **44–45**
　　~ Güell **43**, *80*
　Pedralbes *46*
　Plaça (Platz)
　　~ de Catalunya *23**, **21–24**, *30*, 31*
　　~ Nova *22*, 24*
　　~ de Ramon Berenguer el Gran *23*, 25*, 28, 39**
　　~ del Rei *25*, 27–28, 30**
　　~ Reial *23*, 30*, 34, 39**
　　~ Sant Jaume *23*, 25*, 28, 30*, 39**
　Poble Espanyol *22**, **37** *78, 79*
　Rambla, La *23*, 30*, 29–34, 39**
　Sagrada Familia *23*, 43–44*

Saló (Saal)
　~ del Consell de Cent *28*
　~ del Tinell *27–28*
Santa María (Schiff) *13*, **38**, *80*
Tibidabo **46–47**, *80*
Zoo *39**, **45**, *79*

Calafell *18*, 51*
Caldetes *18*
Calella de la Costa *19**, **19**, *81*
Cambrils *6*, 18**, **61**, *92*
Canet de Mar *18, 19**
Castelldefels *19*, 48–49*
Comarruga *18*, 51*
Cubelles *19*, 51*
Cunit *18*, 51*

Don Quijote *32*

Ebrodelta *6*, 6, 14, 18**, **62**, *96*
Einkaufen *70*, **74–76**

Fiestas *50–51, 68,* **80–81**, *83*
Flamenco *7, 50,* **73–74**, *82*
Folklore *6, 68,* **71–72**, *82–83*

Garraf *19**, **49**, *92*
Gaudí, Antoni *41–44*

Hospitalet de l'Infant, L' *18*, 61*

Kolumbus, Christoph **13**, *27, 37, 38, 80*

Malgrat de Mar *7*, 19*, 19*
Masnou, El *17, 19**
Mataró *7*, 18, 19**
Medol, El *52*

Miami Platja *18*, 61*
Miró, Joan *8,* **36–37**
Montserrat, Monestir de
  19*, 64–65, *81*
Moreneta, La *64*
Museu (siehe auch unter
  Barcelona)
  77–78
  ~ Arqueològic, Tarragona
    54, **55***, *78*
  ~ Balaguer, Vilanova i
    La Geltrú *51*
  ~ Cau Ferrat, Sitges *50*
  ~ Diocesà, Tarragona *59*
  ~ Mar i Cel, Sitges *50*
  ~ Municipal, Vilafranca del
    Penedés *69*
  Necròpoli i Museu Paleo-
    cristià, Tarragona **56**, *78*
  ~ Romàntic, Sitges *50*
  Weinmuseum, Vilafranca
    del Penedés *69*

Nachtleben *73–74,* **82–83**

Picasso, Pablo *24,* **40–41**,
  50, 77–78
Pineda de Mar *19*, 19*
Poblet, Monestir de *18,*
  66–67
Pont del Diable *18*, 52*
Prat de Llobregat, El *19*,*
  48, *95*
Premiá de Mar *17, 19**

Restaurants *84–91*

Salou *18*,* **60–61**, *92*
Santa Susanna *19*, 19*
Sant Carles de la Ràpita *6*, 14,*
  18*, **63**, *92*
Santes Creus, Monestir de
  18*, 67–68
Sant Pol de Mar *19*, 19*
Sardana *7–9,* **71**, *75*
Segeln *18,* **92–93**
Serrall, El *59*
Sitges *6*, 16, 19*,* **49–51**,
  81, 95
Sport *92–97*
Stierkampf **72–73**, *80*
Strände *92*

Tamarit *18*, 52*
Tarragona *5*, 18*,* **53–59**,
  55*, 78, 81, 92, 94
Torredembarra *18*,* **51**, *92*
Tortosa *18*,* **62**, *96*
Torre de los Escipiones *52*

Vallcarca *19*, 49*
Valls *18*,* **68**, *81*
Vendrell, El *18*, 51*
Vergnügungsparks *37, 47,* **80**
Vilafortuny *61*
Vilafranca del Penedés *19*,*
  69, *81*
Vilanova i La Geltrú *5*, 19*,*
  51, *81, 92*

Wein *69,* **88–89**

Zoo, siehe unter Barcelona